RUPERT

LAY

BEDINGUNGEN DES GLÜCKS

RUPERT
LAY

BEDINGUNGEN DES GLÜCKS

EIN BUCH, ZU SICH SELBST ZU FINDEN

Bernward

Die Deutsche Bibliothek – CIP-Einheitsaufnahme
Lay, Rupert:
Bedingungen des Glücks: ein Buch, zu sich selbst
zu finden/
Rupert Lay. – Hildesheim: Bernward, 1993
ISBN 3-87065-749-9

verlags
gruppe
engagement

Titelgestaltung: Hagenhoff und Partner, Osnabrück
Herstellung: Druckerei Hagemann, Hildesheim
ISBN 3-87065-749-9

Bedingungen des Glücks

Was fällt mir ein, wenn ich an Glück denke? Ich erinnere mich spontan an eine alte Frau, der ich als Krankenhausseelsorger beim Sterben helfen wollte. Das war mein erstes Mal – und ich war unendlich hilflos. Was ich während meiner Studien in Theologie und Psychologie gelernt hatte, erschien mir im Angesicht des einzig Absoluten unseres Lebens ungewöhnlich töricht. Die alte Dame berichtete mir, daß sie als typische Langschläferin fast 50 Jahre lang täglich morgens um 5 Uhr aufstehen mußte, um ihrem Mann, einem Bauarbeiter, das Frühstück und die Dose für das Mittagessen zu bereiten. Zwei gute Kinder habe sie großgezogen. Doch wo sei ihr Leben geblieben? Immer habe sie nur für andere gelebt, niemals für sich selbst. Und jetzt müsse sie einsam sterben. Sie war zutiefst unglücklich. In einigen Gesprächen versuchte ich sie erkennen zu lassen, daß ihr ihr Leben gelungen sei. Wer kann schon sagen, daß er zwei gute Kinder großgezogen und die Liebe zu seinem Partner alltäglich leben durfte. Als sie mir zum endgültigen Abschied ihre müde Hand hinhielt, sah ich so etwas wie Glück in ihren Augen. An diesen Blick denke ich, wenn ich von Glück sprechen höre.

Manchmal aber denke ich auch an die deutsche Nationalhymne, in der andere Bedingungen des Glücks genannt werden: Einigkeit und Recht und Freiheit. Gibt es zwei Arten des Glücks: eine individuelle und eine kollektive? Ich meine: Nein. Glücklich ist ein „Vaterland“, wenn es den in ihm lebenden Menschen Rahmenbedingungen für das Glücken ihres Lebens schafft. Denken unsere Politiker daran, daß auch eine Nationalhymne nicht eine Abfolge leerer Phrasen sein darf? Ich kenne keinen.

Mitunter wähne ich mich glücklich, weil ich gesund bin, weil ich Freunde habe und einen Beruf, der mir Freude macht. So oder ähnlich werden die meisten Menschen „Glück" verstehen. Das FAZ-Magazin läßt allwöchentlich mehr oder weniger bekannte Zeitgenossen von dem berichten, was sie für das größte Unglück halten. Die meisten lassen uns wissen, daß der Verlust von Angehörigen, ein neuer großer Krieg, eine unheilbare Krankheit für sie das größte Unglück sei. Aber diese Bestimmungen von „Glück" und „Unglück" greifen zu kurz. Das wird mir bewußt, wenn ich an die vielen Menschen denke, denen ich inzwischen beim Sterben helfen durfte. Es ist mir wichtig geworden, selbst wenn Menschen ihr Leben im Unglück gelebt haben, daß sie doch glücklich sterben dürfen. Ich schreibe dieses Buch, weil ich möchte, daß Menschen auch glücklich leben lernen. Sie werden dann auch glücklich sterben dürfen, ohne fremde Hilfe.

(Rupert Lay)

Der Mensch kann nicht
tausend Tage ununterbrochen
gute Zeit haben, so wie die
Blume hundert Tage blühen
kann.

(Tseng-Kuang)

I Was ist das: Glück?

Die Suche nach dem Glück dürfte so alt sein wie die Menschheit. Der endliche Mensch erfährt sich eingebettet in eine unstillbare Sehnsucht nach dem Unendlichen, das ihm hilft, seine Endlichkeit zu überwinden. Das einzig Absolute, dem er begegnet, ist der Tod. Doch der wird als Bedrohung und nicht als Chance erfahren. Der von diesem Absoluten stets bedrohte Mensch sucht nach einem „besseren Absoluten", einem festen Anker, der ihn in allen Stürmen des Lebens fest am Ort hält und ihn nicht der Unbill ziellosen Treibens ausliefert. Und so ersannen Menschen zwei große Illusionen, die solche Ankerfunktionen übernehmen sollten: die Wahrheit und das Glück. Beide wurden als etwas Absolutes gedacht, das dem stets Bedrohten Halt gibt und Richtung weist, das es ihm erlaubt, sich zu orientieren in einer Welt voller Irrtümer, Täuschungen und voller Unglück und Tod. Auf der Suche nach Wahrheit und Glück fanden sie einen Weg – und der endete nicht selten in unglücklichem Tod, in unakzeptiertem Leid, in Irrtum und Täuschung. Wahrheit und Glück sind, absolut genommen, Abbilder des Göttlichen. Werden sie als etwas genommen, das uns Menschen gegeben ist, geschehen im Namen von Wahrheit und Glücksanspruch fast alle Scheußlichkeiten, die Menschen anderen antun können. Der vermeintliche Besitz von Wahrheit führte zu Kreuzzügen, Inquisition, zum Haß fremder Meinungen und zu jedwelcher Form von Intoleranz. Auf der Suche nach Glück wurden in abscheulicher Manier alle vermeintlichen Ursachen für Unglück abgewehrt:

ethnische Säuberungen, Fremdenhaß, Verteilungskämpfe. Der vermeintliche Besitz von Wahrheit und die Suche nach vermeintlichem Glück wurden in der Hand von Menschen, die so ihr Leben fremder Bedrohung entziehen wollten, zu fürchterlichen Instrumenten. Das Absolute in den Händen von Relativem war und ist stets eine Quelle unmenschlichen Unglücks. Es mag gar sein, es ist der Grund für das Mißglücken des Experiments „Mensch", das die Natur vor etwa einer Million Jahren startete. Das ABC des Todes in den Händen von Menschen, die ihre Sehnsucht nach dem Unendlichen stillen wollten oder sie gar gestillt sahen, ist der wesentliche Grund, daß Menschsein entartete in Unmenschlichkeit.

Es gilt also, Wahrheit und Glück von seinem Absolutheitsanspruch zu befreien, es in die Endlichkeit, die Beschränktheit konkreten Menschseins zurückzuholen. Beide sind uns Menschen unerreichbar – solange sie als Pole eines profanisierbaren Absoluten gesehen werden. Und dennoch sind Wahrheit und Glück für uns Menschen bei unserer Suche nach Orientierung unverzichtbar. Wir müssen lernen, daß sie nicht als absolute Vorgaben bestehen, sondern nur als Ausdrucksformen unserer eigenen Endlichkeit. Sie sind unsere eigenen Geschöpfe. Vielleicht unsere großartigsten.

Die Illusion von der uns Menschen zur Verfügung stehenden irrtums- und täuschungsfreien Wahrheit wurde schon von Xenophanes, einem Schüler des Sokrates, zu Beginn des 4. vorchristlichen Jahrhunderts deutlich ausgesprochen:

„Sichere Wahrheit erkannte kein Mensch und wird keiner erkennen". Doch die Unwahrheit mit Wahrheit zu verwechseln, ist sehr viel leichter als das Unglück mit dem Glück. Deshalb blieb die Illusion vom Besitz des wahren Wissens bis ins Heute verbreitet. Man möchte vermuten, daß sich Menschen von diesem scheinbar einzigen sicheren Ankerplatz nicht ablösen können, weil sie die Bedingtheit und die Relativität des Glücks hilflos erfuhren und erfahren. Irgend etwas Sicheres muß es doch geben, um daran sein Leben festmachen zu können. Der Besitz irrtumsloser Wahrheit wurde zum größten Glück aller Unglücklichen. Da mag K. Marx schon recht haben, wenn er vermutete, die Religion sei das Opium des Volkes.

Die Erfahrung des immer gefährdeten Glücks führte schon zu Beginn des europäischen Philosophierens zu der kritischen Frage, was denn Glück eigentlich bedeute, was denn die Bedingungen des Glücks seien. Glück wurde also als Bedingtes verstanden. Was kann man tun, um glücklich zu werden?

Als einer der ersten dachte Demokrit von Abdera, ein Zeitgenosse des Xenophanes, um 400 v. Chr. über dieses Thema philosophisch nach. Er hielt das Glück für ein Bild von etwas, das es in Wirklichkeit nicht gäbe. Aber in ihrer Ratlosigkeit machen sich Menschen solche Bilder. Sie meinen, wenn sie gesund und reich, wenn sie geachtet und erfolgreich seien, wären sie glücklich. Ein besonnener und weiser Mensch durchschaue die Täuschung. Glück ist nicht Gesundheit und Reichtum, nicht Achtung und Erfolg, sondern ein Zustand der Seele. Ohne diesen Zustand sind Gesundheit, Reichtum und all das andere, das wir haben können, nur „unsicherer Besitz“. Glück ist die Heiterkeit des Gemüts, die ohne Hektik und Zwang den Menschen sein Leben vollbringen läßt. Glück ist das Erträgliche.

Doch damit gaben sich die Philosophen und Theologen der Folgezeit nicht zufrieden. Demokrit war kaum 50 Jahre tot, da widmete Aristoteles seinem Sohn Nikomachos ein Buch über Ethik. Er schreibt darin: „Glück ist das, wonach alle Menschen streben. Es ist das höchste Gut der Menschen. Es wird um seiner selbst willen gesucht“. Aber wonach streben alle Menschen? Streben sie nicht alle nach Gesundheit, Reichtum, Ansehen, Einfluß und langem Leben? Doch solches Glück ist zerbrechlich – es kann jeden Tag vergehen. Streben also alle Menschen nach etwas, das ihnen jederzeit genommen werden kann? Aristoteles will diesen Irrtum seinem Sohn verdeutlichen: Zwar meinen viele Menschen, wenn sie erst gesund und vermögend seien, seien sie glücklich. Aber die triviale Erfahrung lehrt, daß Gesunde und Reiche sehr unglückliche Menschen sein können. Zwar ist das Glück das höchste Gut, doch viele Menschen suchen in den vielen Gütern ihr höchstes Gut. Was ist denn nun das höchste Gut, von dem alle anderen Güter allein ihr Gutsein her beziehen? Es ist das Gelingen des Lebens. Damit aber ein Menschenleben gelingt, muß der Mensch es selbst in die Hand nehmen. Sein Handeln entscheidet über Gelingen und Mißlingen von Leben. Vernunft und Freiheit sind die nötigen

Voraussetzungen für Glück stiftendes Handeln. Glück wird uns also weder „von Gott geschickt" noch von Menschen geschenkt. Glück ist nichts Abstraktes, sondern etwas sehr Konkretes. Es muß dem Menschen und seinem Alltag verfügbar sein. Was aber ist jedem Menschen alltäglich verfügbar? Es ist die lebendige Verwirklichung seiner Natur im Können und Wirken. Seine Natur im Können und Wirken kann ein Mensch aber nicht monologisch, sondern nur in Gemeinschaft verwirklichen.

Ich denke, daß diese Bestimmung des Glücklichseins überzeitlich gültig ist. Denken wir ein wenig über einige Aspekte der Vorstellungen des Aristoteles nach. Sie ermöglichen uns, einige wichtige Bedingungen aufzufinden:

1. Glück kann nicht bestimmt werden von irgendwelchem Besitzen her. Alles Besitzen macht Menschen unfrei, läßt sie von außen steuerbar werden.

2. Glück meint das Gelingen des Lebens. Das ist das höchste Gut, nach dem tatsächlich alle Menschen streben – oft ohne es zu wissen. Nicht selten meinen wir, das Gelingen des Lebens hinge von irgendwelchem Besitz ab.

3. Leben kann nur gelingen, wenn wir gemäß unseren Begabungen und Fähigkeiten im Rahmen der uns gezogenen Grenzen handeln. Glück ist weder ein Geschenk Gottes oder der Menschen, sondern Ergebnis unserer handlungsleitenden Lebensorientierung. Wir haben also kein Anrecht, keinen

Anspruch auf Glück. Wir haben jedoch einen Anspruch auf soziale, ökonomische und politische, private wie öffentliche Rahmenbedingungen, die es uns erlauben, so zu handeln, daß unser Leben gelingen kann. Diese Rahmenbedingungen sind das fundamentalste aller Menschenrechte, wennschon es nur in der Verfassung der USA eine etwas verwirrende Formulierung fand.

4. Zu diesen Rahmenbedingungen gehört, daß wir unser Leben in Vernunft und Freiheit gestalten können.

5. Für das Glücken des Lebens anderer Menschen sind wir insoweit verantwortlich, daß wir – wenn wir es vermögen – sie nicht in die Fallen des Habens laufen lassen und ihnen die Rahmenbedingungen zur Verfügung stellen, die es ihnen ermöglichen, in Vernunft und Freiheit ihr Leben zu gestalten.

(Rupert Lay)

Im Augenblick, da ich die leise innere Stimme unterdrücke, werde ich aufhören, nützlich zu sein. (Gandhi)

Im Sommer

Zwischen Schlaf und Träumen
In üppigen Wiesen
Wandert mein Blick auf
In die unendlichen Höhen.
Welch ein schäumendes Leben!
Wolke auf Wolke entschwebt
Wie die glühenden Stunden,
Die werden versinken
Mitten ins dunkle Weh
Des moorigen Teiches.
Nichts regt sich in mir,
Durch die sengende Hitze
Bin ich in Ruhe geworfen.
Tag folgt auf Tag.
Meine Augen sehen sie immer,
Die goldene Sonne.
Einmal wird sie bleiben,

Dort wo ein Schatten aufwölkt.
Bitterlich ist das Versäumen.

Ingeborg Bachmann

Das Schöne zieht einen Teil seines Zaubers aus der Vergänglichkeit. (Hermann Hesse)

Ein Menschenleben füllt nicht hundert Jahre,
doch immer ist es voll von tausend Jahren Sorge.
Der Mittag kurz, und bitter lang die Nächte!
Warum nicht greifst du nach der Lampe,
gehst die kurzen Freuden dir zu suchen,
wenn nicht heute?
Was willst du warten Jahr um Jahr?

Chinesische Weisheit

Sorgt euch also nicht um morgen; denn der morgige Tag wird für sich selbst sorgen. Jeder Tag hat genug eigene Plage. (Matthäusevangelium)

Kurz vor fünfzehn Uhr.
Noch im Wartezimmer, wo man uns warten läßt, sind wir vollkommen ahnungslos, Hanna wickelt das Papier von den Blumen –
Dann dieses Gesicht der Diakonissin!
Hanna am Fenster wie gestern, kein Wort zwischen uns, wir sehen einander nicht einmal an –
Dann kam Dr. Eleutheropulos.
Alles griechisch; aber ich verstehe alles.
Ihr Tod kurz nach vierzehn Uhr.
– – Dann vor ihrem Bett, Hanna und ich, man kann es einfach nicht glauben, unser Kind mit geschlossenen Augen, genau wie wenn sie schläft, aber weißlich wie Gips, ihr langer Körper unter dem Leintuch, ihre Hände neben den Hüften, unsere Blumen auf ihrer Brust, ich meine es nicht als Trost, sondern wirklich: Sie schläft!
Ich kann es ja heute noch nicht glauben.
Sie schläft! sage ich – gar nicht zu Hanna, die plötzlich mich anschreit, Hanna mit ihren kleinen Fäusten vor mir, ich erkenne sie nicht mehr, ich wehre mich nicht; ich merke es nicht, wie ihre Fäuste mich auf die Stirne schlagen. Was ändert das! Sie schreit und schlägt mich ins Gesicht, bis sie nicht mehr kann, die ganze Zeit hatte ich nur meine Hand vor den Augen.

Max Frisch

Wenn ich einen grünen Zweig im Herzen trage, wird sich der Singvogel darauf niederlassen. (Chinesisches Sprichwort)

Die Aufweckung eines jungen Mannes in Naïn

Einige Zeit später ging er in eine Stadt namens Naïn; seine Jünger und eine große Menschenmenge folgten ihm. Als er in die Nähe des Stadttors kam, trug man gerade einen Toten heraus. Es war der einzige Sohn seiner Mutter, einer Witwe. Und viele Leute aus der Stadt begleiteten sie. Als der Herr die Frau sah, hatte er Mitleid mit ihr und sagte zu ihr: Weine nicht! Dann ging er zu der Bahre hin und faßte sie an. Die Träger blieben stehen, und er sagte: Ich befehle dir, junger Mann: Steh auf! Da richtete sich der Tote auf und begann zu sprechen und Jesus gab ihn seiner Mutter zurück. Alle wurden von Furcht ergriffen; sie priesen Gott und sagten: Ein großer Prophet ist unter uns aufgetreten; Gott hat sich seines Volkes angenommen. Und die Kunde davon verbreitete sich überall in Judäa und im ganzen Gebiet ringsum.

Lukasevangelium

Das Glück ist ein Wie, kein Was, ein Talent, kein Objekt.

Der Wanderer hat das Beste und Zarteste von allen Genüssen, weil er neben dem Schmecken auch noch das Wissen von der Flüchtigkeit aller Freuden hat. Er schaut auch dem Verlorenen nicht lange nach und begehrt nicht, an jedem Orte, wo es einmal gut sein war, gleich Wurzeln zu schlagen. Es gibt Lustreisende, die gehen Jahr für Jahr an denselben Ort, und es gibt viele, die können von keinem schönen Anblick Abschied nehmen, ohne daß sie beschließen, recht bald wiederzukommen. Das mögen gute Leute sein, gute Wanderer sind es nicht. Sie haben etwas von der dumpfen Trunkenheit der Liebesleute und etwas von dem sorglichen Sammlersinn der Lindenblütenpflückerinnen. Aber den Wandersinn haben sie nicht, den stillen, ernst-fröhlichen, immer abschiednehmenden.

Hermann Hesse

Die Untersuchung des glücklichen Lebens ist der einzige Gegenstand, den sich die Philosophie zum Zweck und Ziel setzen muß. (Cicero)

Mephist. Du bist am Ende – was du bist,
Setz dir Perücken auf von Millionen
Locken,
Setz deinen Fuß auf ellenhohe Socken,
Du bleibst doch immer was du bist.
Faust. Ich fühls, vergebens hab ich alle
Schätze
Des Menschengeists auf mich herbeige-
rafft,
Und wenn ich mich am Ende niedersetze,
Quillt innerlich doch keine neue Kraft;
Ich bin nicht um ein Haar breit höher,
Bin dem Unendlichen nicht näher.

Johann Wolfgang v. Goethe

Die Neigung, nach dem Glück zu suchen, entspringt dem Gefühl des Menschen, etwas verloren zu haben, was ihm immer zu eigen war, was zu ihm gehörte, was sein eigenes Selbst war. (Hazrat Inayat Khan)

Das Geheimnis des Glücks, nach dem jede Seele strebt, beruht auf der Kenntnis unserer selbst. Der Mensch strebt nach Glück, nicht etwa weil Glück sein Unterhalt, sondern weil es sein ureigenstes Wesen ist. Daher sucht er sich selbst, wenn er nach Glück sucht. Die Neigung, nach dem Glück zu suchen, entspringt dem Gefühl des Menschen, etwas verloren zu haben, was ihm immer zu eigen war, was zu ihm gehörte, was sein eigenes Selbst war, wenn er auch infolge eines Mangels an Glück, den seine Seele vom Tage ihrer Ankunft auf der Erde an empfindet und der von Tag zu Tag zunimmt, vergißt, daß sein eigenstes Wesen Glück ist. Er glaubt, Glück lasse sich erwerben. Und da er es glaubt, sucht er unablässig und in allen Richtungen danach. Schließlich findet er nach allem Suchen, daß wahres Glück nicht aus sogenannten Vergnügungen besteht. Vergnügungen sind vielleicht der schwache Abglanz von wahrem Glück. Wenn ein Glück nur einen Augenblick dauert, wenn es von Dingen außerhalb von uns abhängt, ist es nur ein Vergnügen. In unserer Alltagssprache verwischen wir sehr oft den

Unterschied zwischen Vergnügen und Glück. Ein Zeitvertreib, eine Unterhaltung, Belustigung, Fröhlichkeit – alle Dinge, die unsere Gedanken von unserer Verantwortung, von unseren Sorgen und Beschränkungen im Leben ablenken und uns einen Augenblick des Trostes verschaffen, lassen den Gedanken in uns aufkommen, sie seien Mittel zum Glück. Und da wir sie nicht festhalten können, da wir oft finden, daß bei der Jagd nach einem sogenannten Vergnügen der Verlust größer ist als der Gewinn, beginnen wir den Weg zu suchen, der uns zum wirklichen Glück führt.

Hazrat Inayat Khan

Halte das Glück wie einen Vogel: so leise und lose wie möglich! Dünkt er sich selber nur frei, bleibt er dir gern in der Hand. (Friedrich Hebbel)

Es war eine hohe Feier, auch die Abgesandten von draußen spürten und bekundeten es, und mancher Neuling wurde in diesen Tagen auf immer für das Glasperlenspiel gewonnen. Merkwürdig aber klingen die Worte, in welche Josef Knecht nach Beendigung des zehntägigen Festes seinem Freunde Tegularius gegenüber sein Erlebnis zusammenfaßte. „Wir können zufrieden sein", sagte er. „Ja, Kastalien und das Glasperlenspiel sind wunderbare Dinge, etwas nahezu Vollkommenes sind sie. Nur sind sie es vielleicht allzu sehr, sind allzu schön; sie sind so schön, daß man sie kaum betrachten kann, ohne für sie zu fürchten. Man denkt nicht gerne daran, daß sie wie alles einmal wieder vergehen sollen. Und doch muß man daran denken."

Hermann Hesse

Wer die Schlange sieht, der sieht das Paradies nicht mehr. (Friedrich Hebbel)

Ich frage

Ich frage mich alle Stunden tausendmal,
Woher mir dieses Lastbewußtsein kam,
Dies dumpfe immer tiefer Schmerzen.
Ich habe alle Freude längst verloren,
Mich zu empfinden in den Mattigkeiten,
Ich bin gequält in meinem Weiterschreiten
Und bitter, daß ich mich nicht wehren
kann.

Ich schüttel mich in himmelwärt'ger
Schau,
Versuch mich mit Genuß und Raserei.
Ich bin mit Gott und seiner Welt zerfallen
Und habe selbst im Knieen nie gefühlt,
Daß es den Demutfrieden gibt,
Den alle andern sich so leicht erdienen.

Ich muß doch Gottes sein, in allem Wider-
spruch.
Ihn so zu glauben, wie ich glauben muß,
Muß er notwendig mich aus seinem
Strahle geben.
Wie bist du müde, Welt, die mich
geboren,
Einzig bereit, mir Ketten aufzudrücken
Und, wo ich lodern kann und mich
entzücken,
Mir deine Schatten fester einzugraben.

Ingeborg Bachmann

Ferner glaube ich, daß der Glück hat, welcher mit seiner Art zu handeln in die Zeit paßt ...

Um mehr auf Einzelheiten einzugehen, so kann man einen Fürsten heute auf dem Gipfel des Glückes und morgen vielleicht vernichtet sehen, ohne daß sich sein Wesen oder irgendeine Eigenschaft an ihm geändert hätte. Das kommt meines Erachtens einmal aus den im vorigen ausführlich erörterten Ursachen, daß nämlich der Fürst, der sich ganz auf das Glück verläßt, zugrunde geht, sobald dieses sich wendet. Ferner glaube ich, daß *der* Glück hat, welcher mit seiner Art zu handeln in die Zeit paßt, und ebenso *der* Unglück, dessen Handlungsweise nicht zur Zeit stimmt. Die Menschen verfahren verschieden, um das Ziel, das jeder vor Augen hat, Ruhm und Reichtum zu erlangen: der eine handelt bedächtig, der andre ungestüm, der eine wendet Gewalt an, der andre List, der zeigt Geduld, jener das Gegenteil, und jeder kann auf seine Weise Erfolg haben. Ferner sieht man von zwei Bedächtigen den einen sein Ziel erreichen, den andern nicht, und ebenso zwei gleicherweise Glück haben bei entgegengesetztem Verfahren, indem der eine bedächtig, der andre ungestüm ist.

Niccolo Machiavelli

Nur, wer nicht in der Zeit, sondern in der Gegenwart lebt, ist glücklich. (Ludwig Wittgenstein)

Etwas festhalten wollen und dabei es
überfüllen:
das lohnt der Mühe nicht.
Etwas handhaben wollen und dabei es
immer scharf halten:
das läßt sich nicht lange bewahren.
Mit Gold und Edelsteinen gefüllten Saal
kann niemand beschützen.
Reich und vornehm und dazu hochmütig
sein:
das zieht von selbst das Unglück herbei.
Ist das Werk vollbracht, dann sich zurück-
ziehen:
das ist des Himmels SINN.

Laotse

Ich war so zufrieden, wenn ich zu Bett ging, und wenn ich aufstand, war ich geradezu glücklich. Weshalb aber das alles so war, ist ziemlich schwer zu erklären.

„Oh, ich möchte gern einmal die Schweiz sehen!“ sagte Adelaida. „Wann werden wir endlich einmal ins Ausland reisen? Da sitze ich nun hier und kann seit zwei ganzen Jahren keinen Vorwurf zu einem Gemälde finden.“

„Was im Osten und Süden wir lieben,
Ist schon längst und vielfach beschrieben“
zitierte sie. „Suchen Sie mir ein Sujet, Fürst.“

„Ich verstehe davon nichts. Ich denke: man schaut und malt.“

„Ich verstehe aber nicht zu schauen ...“

„In was für Rätseln redet ihr? – das soll ein Mensch verstehen! Kein Wort begreife ich!“ unterbrach sie die Generalin. „Weshalb verstehst du denn nicht zu schauen? Du hast doch Augen, mach sie auf und sieh. Verstehst du es hier nicht, so wirst du's auch dort im Ausland nicht lernen. Erzählen Sie lieber, was und wie Sie selbst geschaut haben, Fürst.“

„Ja, das wird besser sein“, meinte auch Adelaida. „Sie haben ja doch im Auslande das Schauen gelernt.“

„Ich weiß nicht, ob ich es getan habe. Ich habe dort nur Heilung von meiner Krankheit gesucht. Ob ich aber zu schauen gelernt habe, das weiß ich wirklich nicht. Ich war die ganze Zeit dort sehr glücklich."

„Glücklich! Sie verstehen es, glücklich zu sein?" rief Aglaja aus. „Wie können Sie denn sagen, daß Sie nicht zu schauen gelernt hätten! Sie werden auch uns noch das Schauen lernen."

„Ach, bitte, lehren Sie's uns!" bat Adelaida lachend.

„Ich kann nichts lehren", gab auch der Fürst lachend zurück. „Ich habe fast die ganze Zeit, die ich im Ausland war, dort in jenem Schweizer Dorf verbracht; nur selten unternahm ich eine kurze Reise. Was vermag ich da zu lehren? Anfangs konnte ich nur sagen, daß ich mich nicht langweilte, dann aber – meine Gesundheit besserte sich schnell – dann wurde mir jeder Tag teuer, und je länger ich da war, desto teurer, so daß es mir selbst auffiel. Ich war so zufrieden, wenn ich zu Bett ging, und wenn ich aufstand, war ich geradezu glücklich. Weshalb aber das alles so war, ist ziemlich schwer zu erklären."

Fjodor Dostojewski

Die Flügel waren zerzaust und schwer wie Blei, doch noch schwerer bedrückte ihn das Gefühl des Versagens.

Als er wieder zu sich kam, war es bereits dunkel, er trieb im Mondlicht auf dem Meer dahin. Die Flügel waren zerzaust und schwer wie Blei, doch noch schwerer bedrückte ihn das Gefühl des Versagens. Fast wünschte er, die Last möge ihn sacht auf den Grund drücken, daß alle Mühe ein Ende habe.

.....

Erschöpft hob er sich von der dunklen Wasserfläche ab und zog mit mattem Flügelschlag landeinwärts, froh, daß er früher den kräftesparenden Flug in niedriger Höhe geübt hatte.

Doch nein, Schluß mit alten Gewohnheiten. Schluß mit allem Lernen. Ich bin eine Möwe, dachte er, ich bin wie die anderen Möwen, ich will auch fliegen wie die anderen Möwen. So stieg er mühsam bis zu dreißig Meter Höhe, schlug angestrengt mit den Flügeln und strebte der Küste zu. Er war erleichtert über die Entscheidung. Er fühlte sich befreit von allem Zwang zum Lernen, von nun an würde es keine Herausforderung mehr geben, keine Fehlschläge. Und es war angenehm, so gedankenlos durch das Dunkel auf die Lichter an der Küste zuzufliegen.

Dunkel! Die dumpfe innere Stimme meldete sich, brüchig im Erschrecken. *Möwen fliegen nicht bei Dunkelheit!* Jonathan beachtete sie nicht. Schön, dachte er. Mond und Sterne blinken im Wasser und ziehen ihre schmalen Leuchtspuren durch die Nacht. Alles ist friedlich und still …

Richard Bach/Russell Munson

Der Schaum des Augenblicksglückes spritzt zuweilen so hoch und blendend über das Meer des Leidens hinaus, daß dies kurze aufleuchtende Glück ausstrahlend auch andere berührt und bezaubert.

Hierzu muß eines noch gesagt werden. Es gibt ziemlich viele Menschen von ähnlicher Art, wie Harry einer war, viele Künstler namentlich gehören dieser Art an. Diese Menschen haben alle zwei Seelen, zwei Wesen in sich, in ihnen ist Göttliches und Teuflisches, ist mütterliches und väterliches Blut, ist Glücksfähigkeit und Leidensfähigkeit ebenso feindlich und verworren neben- und ineinander vorhanden, wie Wolf und Mensch in Harry es waren. Und diese Menschen, deren Leben ein sehr unruhiges ist, erleben zuweilen in ihren seltenen Glücksaugenblicken so Starkes und unnennbar Schönes, der Schaum des Augenblicksglückes spritzt zuweilen so hoch und blendend über das Meer des Leidens hinaus, daß dies kurze aufleuchtende Glück ausstrahlend auch andere berührt und bezaubert. So entstehen, als kostbarer flüchtiger Glücksschaum über dem Meer des Leides, alle jene Kunstwerke, in welchen ein einzelner leidender Mensch sich für eine Stunde so hoch über sein eigenes Schicksal erhob, daß sein Glück wie ein Stern strahlt und allen denen, die es sehen, wie etwas Ewiges und wie ihr eigener Glückstraum erscheint.

Hermann Hesse

Einen Tag ungestört in Muße zu verleben, heißt einen Tag lang ein Unsterblicher zu sein. (Chinesisches Sprichwort)

Glück in der Beschränkung

Der Meister sprach: „Lernen und fortwährend üben: Ist das denn nicht auch befriedigend? Freunde haben, die aus fernen Gegenden kommen: Ist das nicht auch fröhlich?
Wenn die Menschen einen nicht erkennen, doch nicht murren: Ist das nicht auch edel?“

Kungfutse

Herr, ich werfe meine Freude wie Vögel an den Himmel. Die Nacht ist verflattert, und ich freue mich am Licht.

Herr, ich werfe meine Freude wie Vögel
an den Himmel.
Die Nacht ist verflattert, und ich freue
mich am Licht.

Deine Sonne hat den Tau weggebrannt
vom Gras und von unseren Herzen.
Was da aus uns kommt, was da um uns ist
an diesem Morgen, das ist Dank.

Herr, ich bin fröhlich heute am Morgen.
Die Vögel und Engel singen, und ich
jubiliere auch.
Das All und unsere Herzen sind offen für
deine Gnade.
Ich fühle meinen Körper und danke.
Die Sonne brennt meine Haut, ich danke.
Das Meer rollt gegen den Strand, ich
danke.
Die Gischt klatscht gegen unser Haus, ich
danke.

Herr, ich freue mich an der Schöpfung
und daß du dahinter bist und daneben
und davor und darüber und in uns.

Ich freue mich, Herr,
ich freue mich und freue mich.
Die Psalmen singen von deiner Liebe,
die Propheten verkündigen sie.
Und wir erfahren sie:
Weihnachten, Ostern, Pfingsten und
Himmelfahrt
ist jeder Tag in deiner Gnade.

Herr, ich werfe meine Freude wie Vögel
an den Himmel.
Ein neuer Tag, der glitzert und knistert,
knallt und jubiliert von deiner Liebe.
Jeden Tag machst du. Halleluja, Herr!

Aus Westafrika

Du aber bist der Prophet der Gerechtigkeit, der Schwachen Erlösung und ihre verborgene Barmherzigkeit. Du bist die Wiege ewigen Glücks.
(Boulos Salame)

Tod, ferner Vorstellungen Traum,
Morgenrot meines Hoffens,
meiner Erwartungen Erfüllung!
Größer ist mein Verlangen nach dir
als das des Dürstenden nach Wasser
in der Glut der Mittagssonne.
Dich begehre ich mehr
als der Ertrinkende das Licht,
während er in Finsternisse versinkt.
Und meine Sehnsucht nach dir ist stärker
als die der Geliebten,
die sich schmückt
für die Stunde der Begegnung.

Unwissende zittern vor dir;
sie machten dich zum Zeichen der Vernichtung,
zum Inbegriff von Furcht und Angst.
Du aber bist der Prophet der Gerechtigkeit,
der Schwachen Erlösung
und ihre verborgene Barmherzigkeit.
Du bist ein sanfter Regen
und eine großzügige Hand.
Du bist der König,
der auf den Wolken schreitet,
das Licht des Vollmonds inmitten der Gestirne.

Du bist ein friedlicher Schlaf,
in dem die Träume blühen
wie nach einem Winter.
Du bist die Wiege ewigen Glücks.

Boulos Salame

Ich halte es für falsch, Sicherheiten in dieser Welt zu erwarten, wo alles außer Gott, der die Wahrheit ist, ungewiß ist. (Mahatma Gandhi)

Sich von Frau und Kind zu trennen, eine eben geschaffene Lebensstellung abzubrechen und vom Gewissen ins Ungewisse zu gehen – all das war für den Augenblick schmerzlich, doch ich hatte mich an ein ungesichertes Leben gewöhnt. Ich halte es für falsch, Sicherheiten in dieser Welt zu erwarten, wo alles außer Gott, der die Wahrheit ist, ungewiß ist. Alles, was mit und um uns erscheint und geschieht, ist unsicher, flüchtig. Aber dahinter ist als Sicherheit ein höchstes Wesen verborgen. Und wer gesegnet ist, der vermag einen Schimmer dieser Sicherheit zu erhaschen und den Karren seines Daseins daranzuhängen. Die Suche nach dieser Wahrheit ist das summum bonum des Lebens.

Mahatma Gandhi

Was wollte ich gestern? Glück?
Habe ich es denn nicht schon jetzt?
Soll man erst suchen müssen in der
unbekannten Ferne, unter den Menschen,
die gewiß gar keine Zeit haben,
an das Glück zu denken?

Robert Walser

II Das Gelingen des Lebens aus philosophischer Sicht

Die Ethik ist eine Disziplin der praxis-orientierten Philosophie. Insofern die Philosophie die Aufgabe hat, 1. das Allgemeine Bewußtsein zur Sprache und damit seine Inhalte zur Verantwortung zu bringen und 2. – wenn möglich – es in seinem Wandel verantwortet zu begleiten, ist auch die Aufgabe der Ethik bestimmt. Sie hat das Allgemeine Bewußtsein in seinem Wandel verantwortet zu begleiten. Sie wird versuchen, Einfluß auf diesen Wandel und seine Richtung zu nehmen. Heute ist das Allgemeine Bewußtsein in nahezu allen europäischen Kulturen im heftigen Wandel begriffen. Dieser Wandel läßt sich ausmachen im Wandel der kollektiven Bedürfnisse, Erwartungen, Werteinstellungen, Interessen. Wandelt sich einer dieser vier Pole, wandeln sich auch die drei anderen. Wandeln sich etwa kollektive Interessen (etwa vom materiellen Wohlstand hin auf mehr Autonomie), dann auch die Werteinstellungen (der Wert des materiellen Wohlstandes wird abnehmen, die Freiheitswerte werden wichtiger). Nun steht zu erwarten, daß sich im Wandel des Allgemeinen Bewußtseins zwar nicht die Vorstellungen vom Glück wandeln, wohl aber die Vorstellungen von den Bedingungen, die erfüllt sein müssen, um ein glückendes Leben gestalten zu können.

Eine der wichtigsten Aufgaben jeder Ethik ist es, den höchsten moralischen Wert auszumachen, von dem alle Normen moralischen Handelns ihre Werthaftigkeit erhalten. Moralisch nennen wir eine Norm, deren Befolgung Sozialverträglichkeit unseres Handelns und Entscheidens sichert. Es gibt drei Quellen solcher Normen:

1. Unser moralisches Gewissen. In ihm sind die Werte gespeichert, die uns in unserer Kindheit vermittelt wurden. Übertreten wir die Normen des moralischen Gewissens, werden wir mit Gefühlen der Schuld, der Scham, der geminderten Selbstachtung bestraft.

2. Unser soziales Gewissen. In ihm sind die Werte gespeichert, die ein bestimmtes soziales Feld (etwa einer Partei, einer Kirche, einer Familie, eines Vereins, einer Gewerkschaft) als Werte definiert. Übertreten wir die Normen des sozialen Gewissens, werden wir durch mangelnde Anerkennung, Zuwendung, soziale Geborgenheit bestraft. In schweren Fällen kann es zur Exkommunikation, d.h. zum Ausschluß aus diesem bestimmten sozialen Feld kommen. Im Allgemeinen Bewußtsein werden die Normen des moralischen Gewissens immer unerheblicher und die des sozialen immer wirksamer. Sozialverträglichkeit wird heute fast ausschließlich durch die Normen des sozialen Gewissens gewährleistet. In der Sprache der Ethik nennt man eine solche Position, die ihr Handeln und Entscheiden ausschließlich oder doch vorwiegend an den Normen des sozialen Gewissens orientiert, „Emotivismus“. Die Maxime einer emotivistischen Ethik lautet: „Handle und entscheide dich stets so, daß du wenigstens

langfristig deinen eigenen Nutzen optimierst!" Der Emotivismus spielt nicht im Horizont einer Moral, da er nicht auf die Sozialverträglichkeit des Handelns abzweckt.

3. Unser ethisches Gewissen. Während das moralische und das soziale Gewissen uns heteronom (von außen veranlaßt) steuern, führt uns das ethische autonom. Denn wir selbst müssen uns für ein höchstes Gut entscheiden. Diese Entscheidung ist identisch mit der Bestimmung unseres Lebenssinns. Der Sinn unseres Lebens besteht also darin, das von uns ethisch-verantwortet gewählte höchste Gut in unserem Handeln und Entscheiden praktisch zu machen. Ethisch-verantwortet haben wir uns nur dann für ein höchstes ethisches Gut entschieden, wenn der Versuch, es praktisch zu machen, unsere Handlungen und Entscheidungen universell sozialverträglich macht. Während das moralische Gewissen, das in einer langen Tradition ausgebildet wurde, viele Lebenssituationen des Heute nicht erreicht und vielleicht gar sozial-schädigendes Verhalten einfordert, während das soziale Gewissen ausschließlich am Nutzen eines bestimmten sozialen Feldes orientiert ist, verlangt das ethische Gewissen universelle Sozialverträglichkeit. Es wird also zum Ungehorsam aufrufen, wenn das moralische Gewissen etwa unwahre Aussagen verbieten, die unwahre Aussage jedoch im Rahmen universeller Sozialverträglichkeit eingefordert wird (etwa um ein anvertrautes fremdes Geheim-

nis zu schützen). Es wird zum Ungehorsam aufrufen, wenn nationale Politik international sozialschädlich ist (wenn etwa eine Abschottung der eigenen Märkte gegen Importe aus Drittweltländern erfolgt). In dem Buch: „Ich halte die Zeit an" stellte ich dar, daß die Biophilie ein solches höchstes ethisches Gut sein kann. Die zentrale Maxime des sittlichen Gewissens lautet dann: „Handele und entscheide dich stets so, daß du durch dein Handeln und Entscheiden eigenes und fremdes personales Leben eher mehrst, denn minderst." Personales Leben meint Leben in allen seinen Dimensionen: das soziale wie das emotionale Leben, das musische wie das religiöse, das intellektuelle wie das gestaltende.

Daraus ergeben sich wesentliche Bedingungen des Glücks. Glücklich ist ein Mensch,

1. wenn er ein sittliches Gewissen ausgebildet hat und ernsthaft versucht, sein Leben danach einzurichten. Diese Bedingung ist nicht einfach zu erfüllen, da auf dieser Welt keine einzige Institution ernsthaft daran interessiert ist, daß Menschen ein sittliches Gewissen ausbilden. Institutionen fordern entweder die Beachtung der Normen des moralischen (wie etwa die meisten Kirchen in den Gebieten, in denen christliche Wertvorstellungen die sozio-kulturellen Normen prägten) oder des sozialen Gewissens (wie etwa Staaten, Unternehmen oder Parteien). Sittlichkeit schließt immer auch die Möglichkeit des Ungehorsams gegenüber den Nor-

men des moralischen wie des sozialen Gewissens mit ein. Und solcher Ungehorsam stört alle Institutionen. Es sei jedoch um der Fairness willen betont, daß alle christlichen Großkirchen in der Theorie die Normen des sittlichen Gewissens als letztlich entscheidend für die moralische Qualität einer Handlung oder Entscheidung benennen. Nur läßt die kirchliche Praxis kaum etwas davon ahnen. Viele Menschen sind heute Emotivisten. Sie versuchen, ihr Leben nach ökonomischen Kategorien einzurichten: Es gilt mit einem Minimum an psychischem, sozialem, zeitlichem, finanziellem Aufwand ein Optimum an sozialem Ertrag (Anerkennung, Geborgenheit, soziale Sicherheit) zu erwirtschaften. Emotivisten erfüllen nicht die erste Bedingung des Glücks.

2. wenn er somit seinen Lebenssinn gefunden hat. Er hat dann seinem Leben verantwortet Orientierung gegeben. Er folgt seinem Stern. Er wird gelegentlich seinen Kurs überprüfen, denn leicht können uns Wind und Strömungen vom Kurs abbringen. Eine Kurskorrektur kann durchaus nötig werden. Manche Menschen warten zeitlebens darauf, daß ihnen jemand sagt, was der Sinn ihres Lebens sei. Sie erfüllen damit nicht die zweite Bedingung des Glücks.

3. wenn er somit seine Emotionalität, seine Rationalität und seine Sozialität zu einer Einheit integriert. Auch diese Bedingung ist nicht leicht zu erfüllen. Die weitaus meisten Menschen desintegrieren, sie spalten etwa

Emotionalität oder Sozialität ab. Abgespalten wird Sozialität, wenn der soziale Wille – der Wille durch Handeln etwas in der Welt hin zum Besseren zu verändern – erlahmt, wenn die Bereitschaft, sich auch der sozialen Entborgenheit auszusetzen, endet. Abgespalten wird Emotionalität, wenn eigene Emotionen wie Freude und Trauer, Liebe und Zorn, Begeisterung und Niedergeschlagenheit nicht mehr intensiv erlebt und mitgeteilt werden können und fremde Emotionen zu kommunikativen Störgrößen verkommen. Manche Menschen kultivieren nahezu ausschließlich Leistungswelten und vernachlässigen die Kultur der Erlebniswelt. Sie erfüllen damit nicht die dritte Bedingung des Glücks.

4. wenn er mit dem sinnvoll umgehen kann, was man „Unglück" nennt. Wahres Unglück ist nur das Verfehlen des Lebenssinns. Aber der Verlust von Besitz (Gesundheit, Jugend, Beruf, Freunden, Verwandten, Einfluß, Ansehen) wird meist – in der klassischen Verkennung dessen, was „Glück" bedeutet – als Unglück bezeichnet. Mit solchen Verlusten kann nur ein Mensch sinnvoll umgehen, der nicht von seinem Besitz besessen wird, sich selbst nicht von seinem Besitz her definierte.
   - Mit solchen Verlusten kann nur der Mensch umgehen, der nicht die Fähigkeit verlor zu trauern.
   - Mit solchen Verlusten kann nur der umgehen, der in der Lage ist, seinem Stern zu folgen, selbst wenn der Sturm ihn weit vom Kurs abbringt.

o Solche Verluste können nur von dem menschlich ertragen werden, der es lernte, Abschied zu nehmen. Das aber bedeutet, daß auch der größte aller Abschiede, der Tod, eine wichtige Rolle im Leben spielt. Das Leben ist nur zu haben um den Preis des Sterbens, der in den Raten des Abschieds gezahlt werden muß. Und am Ende dieser Ratenzahlungen steht der Tod als endgültiger Abschied von allem Haben. In seinem Augenblick entscheidet sich, ob ein Leben glückte oder nicht. Glückendes Leben wird also wichtige Entscheidungen vom Lebensende her interpretieren. „Was muß ich jetzt tun, damit ich am Ende sagen kann, es lag auf dem Kurs deines Lebenssinns?"

5. wenn er tolerant ist. Toleranz bedeutet das Anderssein des Anderen akzeptieren (solange es nicht zu sozial-schädlichem Verhalten führt). Toleranz ist eine notwendige Bedingung des Glückens des eigenen Lebens. Die Intoleranz, die das Anderssein des Anderen nicht akzeptiert, kann sehr verschiedene Masken tragen:

o so kann das Anderssein eines Menschen aus einem anderen Kulturkreis (etwa eines Türken, eines Roma) abgelehnt werden mit Sorge vor Überfremdung,
o so kann das Anderssein eines Menschen, der andere Wert-Prioritäten setzt (etwa eines Landstreichers), abgelehnt werden mit dem Prädikat „arbeitsscheu",

- so kann das Anderssein eines Menschen mit einem anderen Lebensschicksal (etwa eines Strafentlassenen) abgelehnt werden mit dem Prädikat „asozial",
- so kann das Anderssein eines kranken Menschen (etwa eines Drogen-Abhängigen, eines Aids-Kranken) abgelehnt werden mit dem Prädikat „charakterschwach".

Die Intoleranz hat viele Gesichter und verbirgt sich hinter mancherlei Fassaden. Der Intolerante versucht in aller Regel, das Anderssein des Anderen als sozial-schädlich zu qualifizieren, um sich so Gewissensruhe zu verschaffen. Befragt nach einem Beweis für die Berechtigung der Annahme sozialer Schädlichkeit, werden meist sehr armselige Argumente angeboten. Ihre Qualität demaskiert die Intoleranz. Der Intolerante schafft sich seine Feinde. Nichts kann einen Menschen schneller zerstören als der im Inneren jeder Intoleranz wohnende Haß.

6. wenn er sich verantwortlich weiß, für das Gelingen fremden Lebens. Diese Verantwortung kann nicht darin bestehen, daß er anderen Menschen ihren Lebenssinn mitteilt, ihre Erlebniswelt kultiviert und ihnen die Trauerarbeit abnimmt. Aber er kann anderen helfen, ein sittliches Gewissen auszubilden, den Sinn ihres Lebens zu finden, ihre Erlebniswelten zu kultivieren und Abschiednehmen und Trauern zu lernen.

7. wenn er – wenn schon religiös – ohne religiöse Ängste leben kann. Nicht wenige Menschen

machten sich, durch eine schiefe religiöse Bildung verängstigt, ein Bild von einem Gott, dessen Hauptanliegen es sei, über das Gut und Böse eines Menschen Buchhaltung zu führen, um ihn – gegebenenfalls – auf ewig zu verdammen. Eine wesentliche Aussage der Jesusbotschaft (die deshalb auch die frohe genannt wird) ist die von Gott als dem guten Hirten, die von Gott als dem wartenden Vater. Religion will entängstigen, sonst sollte man sie vergessen. Ich vermute, daß das klassische christliche Bild vom dreieinen Gott: Er sei Vater und Sohn und Heiliger Geist, der Jesusbotschaft sehr viel weniger gerecht wird als das Bild, das die islamische Mystik zeichnet: Gott sei zugleich der Liebende, der Geliebte und die Liebe. Vielleicht ist die unendliche Glücksehnsucht von Menschen nur dann zu erfüllen, wenn sie sich einbezogen wissen in dieses innergöttliche Geschehen der Liebe.

Doch diese Überlegungen sollen nicht abstrakt bleiben. Sie enthalten Aufforderungen, die eigene Lebensorientierung zu überprüfen. Hält mein Lebensschiff seinen Kurs? Das gelegentliche Norden des Kompasses, der mein Leben steuert, ist unvermeidlich, wenn man nicht aus dem Kurs laufen möchte. Bitte, versuchen Sie folgende Fragen möglichst redlich zu beantworten:

1. Was verstehe ich unter Glück? Was muß geschehen, damit ich glücklich bin? Warum ist es unmöglich, die Verantwortung für das Glücken meines Lebens auf andere zu delegieren?

2. Was ist mein oberster handlungsleitender Wert, den zu realisieren meinem Leben seinen Sinn gibt?

3. In welchen Situationen neige ich dazu, mich gegen diesen Wert zu entscheiden? Was kann ich tun, entweder solche Situationen zu meiden oder in ihnen meine Wertvorstellungen zu realisieren?

4. Bemühe ich mich um Toleranz? Was sind die Grenzen meiner Toleranz? Wie gehe ich mit dem Anderssein anderer um, wenn es mir auf die Nerven fällt, mich verunsichert, mich bedroht? Erkenne ich leichtfertig auf mangelnde Sozialverträglichkeit des Andersseins des Anderen?

5. Habe ich mein eigenes Sterben als die entscheidende Begegnung meines Lebens mit dem Absoluten in mein Leben integriert? Wie reagiere ich auf die Vorstellung des eigenen Sterbens? Mit Angst und Panik? Mit Resignation? Mit Gelassenheit? Bereite ich mich auf mein eigenes Sterben vor, indem ich bewußt lerne, Abschied zu nehmen?

6. Wie gehe ich mit eigenem und fremdem Leid um? Kann ich mein Leid mit anderen Menschen teilen (mich ihnen mitteilen)? Können andere Menschen ihr Leid mit mir teilen? Bin ich fähig zum Mitleiden wie zur Mitfreude?

7. Was tue ich, damit Emotionalität, Rationalität und Sozialität bei mir zu einer Einheit verschmelzen? Bin ich mir bewußt, daß ich nur ganz bin, wenn diese drei Aspekte meines Menschseins integriert sind? Bin ich mir bewußt, daß wir Menschen immer desintegrieren, wenn wir uns nicht physisch, psychisch und sozial wohlbefinden? In welchen Situationen fühle ich mich physisch-psychisch wohl? Was tue ich, um diese Situationen möglichst oft herbeizuführen und in ihnen das Wohlbefinden bewußt und vertieft zu erleben? Kann ich die Wahrnehmung des physisch-psychischen Wohlbefindens in Situationen wachrufen, in denen ich mich sozial wohlbefinde?

8. Bin ich ein freier Mensch? Ein Mensch also, der von nichts besessen wird (weder von Aggressivität noch von Eigentum, Einfluß, Ansehen, Macht, Ehrgeiz, Siegzwängen)? Nur ein freier Mensch hat das Bedürfnis und die Fähigkeit, selbstverantwortet sein Leben zu gestalten. Weiß ich darum, daß solche Freiheit eine notwendige Bedingung des Glücks ist?

9. Bin ich bereit, Rahmenbedingungen zu schaffen, damit auch anderen Menschen ihr Leben glückt? Wo schränke ich Freiheit anderer Menschen ein? Welchen Menschen gebe ich ungefragt gute Ratschläge? Versuche ich, Menschen zu beherrschen? Leide ich unter einem „Helfersyndrom“? Kann

ich fremde Hilfe ebenso gegen mich gelten lassen, wie ich bereit bin, anderen zu helfen?

10. Versuche ich mir Zeiten zu schaffen, in denen ich mir über mich selbst Gedanken machen kann? Oder: Laufe ich in allen möglichen Aktivitäten vor mir selbst davon? Bin ich mir bewußt, daß solches Agieren mich und andere unglücklich macht? Was ist der Grund meiner Aktivitäten?

(Rupert Lay)

Ich sage euch: man muß noch Chaos in sich haben, um einen tanzenden Stern gebären zu können. Ich sage euch: ihr habt noch Chaos in euch.

Und also sprach Zarathustra zum Volke:
Es ist an der Zeit, daß der Mensch sich sein Ziel stecke. Es ist an der Zeit, daß der Mensch den Keim seiner höchsten Hoffnung pflanze.
Noch ist sein Boden dazu reich genug. Aber dieser Boden wird einst arm und zahm sein, und kein hoher Baum wird mehr aus ihm wachsen können.
Wehe! Es kommt die Zeit, wo der Mensch nicht mehr den Pfeil seiner Sehnsucht über den Menschen hinaus wirft, und die Sehne seines Bogens verlernt hat, zu schwirren!
Ich sage euch: man muß noch Chaos in sich haben, um einen tanzenden Stern gebären zu können. Ich sage euch: ihr habt noch Chaos in euch.
Wehe! Es kommt die Zeit, wo der Mensch keinen Stern mehr gebären wird. Wehe! Es kommt die Zeit des verächtlichsten Menschen, der sich selber nicht mehr verachten kann.
Seht! Ich zeige euch *den letzten Menschen.*
„Was ist Liebe? Was ist Schöpfung? Was ist Sehnsucht? Was ist Stern?" – so fragt der letzte Mensch und blinzelt.
Die Erde ist dann klein geworden, und auf ihr hüpft der letzte Mensch, der alles klein

macht. Sein Geschlecht ist unaustilgbar wie der Erdfloh; der letzte Mensch lebt am längsten.
„Wir haben das Glück erfunden" – sagen die letzten Menschen und blinzeln.
Sie haben die Gegenden verlassen, wo es hart war zu leben; denn man braucht Wärme. Man liebt noch den Nachbar und reibt sich an ihm: denn man braucht Wärme.
Krankwerden und Mißtrauenhaben gilt ihnen sündhaft: man geht achtsam einher. Ein Tor, der noch über Steine oder Menschen stolpert!
Ein wenig Gift ab und zu: das macht angenehme Träume. Und viel Gift zuletzt, zu einem angenehmen Sterben.
Man arbeitet noch, denn Arbeit ist eine Unterhaltung. Aber man sorgt, daß die Unterhaltung nicht angreife.
Man wird nicht mehr arm und reich: beides ist zu beschwerlich. Wer will noch regieren? Wer noch gehorchen? Beides ist zu beschwerlich.
Kein Hirt und *eine* Herde! Jeder will das Gleiche, jeder ist gleich: wer anders fühlt, geht freiwillig ins Irrenhaus.
„Ehemals war alle Welt irre" – sagen die Feinsten und blinzeln.
Man ist klug und weiß alles, was geschehn ist: so hat man kein Ende zu spotten. Man zankt sich noch, aber man versöhnt sich bald – sonst verdirbt es den Magen.
Man hat sein Lüstchen für den Tag und sein Lüstchen für die Nacht: aber man ehrt die Gesundheit.

„Wir haben das Glück erfunden" – sagen die letzten Menschen und blinzeln. –
Und hier endet die erste Rede Zarathustras, welche man auch „die Vorrede" heißt: denn an dieser Stelle unterbrach ihn das Geschrei und die Lust der Menge.
„Gib uns diesen letzten Menschen, oh Zarathustra", – so riefen sie – „mache uns zu diesen letzten Menschen! So schenken wir dir den Übermenschen!" Und alles Volk jubelte und schnalzte mit der Zunge.
Zarathustra aber wurde traurig und sagte zu seinem Herzen:
„Sie verstehen mich nicht: ich bin nicht der Mund für diese Ohren."

Friedrich Nietzsche

Es kann passieren, daß der Durstige das Wasser nicht mehr erkennt, weil er vor Durst verrückt geworden ist.

Sehnsucht

Ein Mann sprach zu dem Weisen Humayuni: „In meinen Jugendjahren sehnte ich mich nach einem Lehrer und nach Unterweisung. Doch nie traf ich einen, der mich voll und ganz zufriedenstellte, und jetzt spüre ich ein solches Bedürfnis nicht mehr." Humayuni sagte: „Hättest du einen Lehrer und eine Lehre gesucht, und hättest du dich mit dem Gefundenen begnügt, dann wärst du ein Suchender gewesen. In Wirklichkeit warst du unbelehrbar, solange du nur die Befriedigung der Sehnsucht erstrebtest. Es kann passieren, daß der Durstige das Wasser nicht mehr erkennt, weil er vor Durst verrückt geworden ist. Nicht immer ist den Durst zu vergrößern, die beste Methode, um Wasser zu finden. Es hängt von Grad und Wesen des Durstes im richtigen Moment ab."

Idries Shah

Warum konnte in sein junges Glück ebenso wie in Narzissens Tugend und Weisheit zuzeiten dieser merkwürdige Schmerz dringen, diese leise Angst, diese Klage um die Vergänglichkeit?

Wo mochte sie jetzt sein, die Lise, mit ihrem schwarzen straffen Haar, ihrer braunen Haut, ihren kurzen Seufzern? Hatte ihr Mann sie geschlagen? Dachte sie noch an ihn? Hatte sie schon wieder einen neuen Liebhaber gefunden, so wie er heut eine neue Frau gefunden hatte? Wie schnell ging das alles, wie lag überall das Glück am Wege, wie schön und heiß war es und wie sonderbar vergänglich! Es war Sünde, es war Ehebruch, noch vor kurzem hätte er sich selber töten lassen, als diese Sünde zu begehen. Und jetzt war es schon die zweite Frau, auf die er wartete, und sein Gewissen war still und ruhig. Das heißt, ruhig war es vielleicht doch nicht; aber es war nicht der Ehebruch und die Wollust, wegen der sein Gewissen manchmal unruhig war und Last trug. Es war etwas anderes, er konnte es nicht mit Namen nennen. Es war das Gefühl einer Schuld, die man nicht begangen, sondern schon mit sich zur Welt gebracht hat. Vielleicht war es dies, was in der Theologie Erbsünde genannt wurde? Es mochte wohl sein. Ja, das Leben selbst trug etwas wie Schuld in sich – warum sonst hätte ein so reiner und so wissender Mensch wie

Narziß sich Bußübungen unterzogen wie ein Verurteilter? Oder warum hätte er selbst, Goldmund, irgendwo in der Tiefe diese Schuld fühlen müssen? War er denn nicht glücklich? War er nicht jung und gesund, war er nicht frei wie ein Vogel in der Luft? Liebten ihn nicht die Frauen? War es nicht schön zu fühlen, wie er als Liebender dieselbe tiefe Lust, die er empfand, dem Weibe geben durfte? Warum also war er dennoch nicht ganz und gar glücklich? Warum konnte in sein junges Glück ebenso wie in Narzissens Tugend und Weisheit zuzeiten dieser merkwürdige Schmerz dringen, diese leise Angst, diese Klage um die Vergänglichkeit? Warum mußte er so manchmal grübeln, nachdenken, obwohl er doch wußte, daß er kein Denker sei?

Hermann Hesse

Sich wegwerfen können für einen Augenblick, Jahre opfern können für das Lächeln einer Frau, das ist Glück. (Hermann Hesse)

Das Veilchen

Es war ein dunkler, warmer Märzabend, als ich durch das reizende, gartenreiche Villenviertel ging. Vielerlei Menschenaugen hatten mich schon gestreift. Es war mir, als schauten die Augen mich tiefer und ernster an als sonst, und auch ich schaute den vorübergehenden Menschen ernster und länger in die Augen. Vielleicht ist es der beginnende Frühling mit der wohllüstigen Luft, der in die Augen einen höheren Glanz legt und in die Menschenseelen einen alten und neuen Zauber. Frauen nehmen sich in der Frühlings- und Vorfrühlingsluft mit den weichen Brüsten, die sie tragen, und von denen sie gehoben und getragen werden, wunderbar aus. Die Gartenstraße war schwärzlich, aber sehr sauber und weich. Es kam mir vor, und ich wollte mir einbilden, ich gehe auf einem weichen, kostbaren Teppich. Voll Melodien schien die Atmosphäre. Aus der dunklen geheimnisvollen Gartenerde streckten schon die ersten Blumen ihre blauen und gelben und roten Köpfchen schüchtern hervor. Es duftete, und ich wußte nicht recht nach was. Es schwebte ein stilles, angenehmes Fragen durch die süße, dunkle, weiche Luft. Ich ging so, und indem ich ging, schmeichelte sich ein zartes unbestimmtes Glücksgefühl in mein Herz hinein. Mir war zumute, als gehe ich durch einen herrlichen, lieben und uralten Park, da kam eine schöne, junge, zarte Frau auf mich zu, violett gekleidet. Anmutig war ihr Gang und edel ihre Haltung, und wie sie näher kam, schaute sie mich mit rehartig-braunen Augen seltsam scheu an. Auch ich schaute sie an, und als sie weitergegangen war, drehte ich mich nach ihr um, denn ich konnte der Lust und dem hinreißenden Verlangen, sie noch einmal, wenn auch nur im Rücken, zu sehen, nicht widerstehen. Wie eine Phantasieerscheinung glitt die reizende Gestalt mehr und mehr in die Ferne. Ein Weh durchschnitt mir die Seele. „Warum muß sie davongehen?" sagte ich mir. Ich schaute ihr nach, bis sie im zunehmenden Abenddunkel verschwand und wie ein süßer, übersüßer Duft verduftete. Da träumte ich vor mich hin, es sei mir ein großes, frauenförmiges Veilchen begegnet mit braunen Augen, und das Veilchen sei nun verschwunden. Die Laternen indessen waren schon angezündet und strahlten rötlich-gelb in den blassen Abend. Ich ging in mein Zimmer, zündete die Lampe an, setzte mich an meinen altertümlichen Schreibtisch und versank in Gedanken.

Robert Walser

Zuviel erfüllte Wünsche machen unglücklich. Ein paar unerfüllte erhalten das Sehnen, das wir Glück nennen. (Daniel Seeberger)

Aber, sagte sie, wenn jemand statt des Schönen das Gute einsetzte und fragte: Sprich, Sokrates, wer das Gute liebt, was liebt er? – Daß es ihm zuteil werde, sagte ich. – Und was geschieht jenem, dem das Gute zuteil wird? – Darauf finde ich leichter die Antwort, sagte ich: er wird glücklich sein. – Denn, sagte sie, durch den Besitz des Guten sind die Glücklichen glücklich. Und weiter zu fragen bedarf's nicht, weshalb denn der glücklich sein will, der es will, sondern die Beantwortung scheint vollendet zu sein. – Du hast recht, sagte ich –

Platon

Nur der allein macht mir Sorge, der sich in einem eitlen Lichte verzehrt: der Dichter, der von Liebe zu den Gedichten erfüllt ist, aber nicht das seine schreibt.

So wandele ich des Abends langsamen Schrittes unter meinem Volke und schließe es ein in das Schweigen meiner Liebe. Nur der allein macht mir Sorge, der sich in einem eitlen Lichte verzehrt: der Dichter, der von Liebe zu den Gedichten erfüllt ist, aber nicht das seine schreibt; die Frau, die in die Liebe verliebt ist, aber nicht zu werden vermag, da sie nicht zu wählen weiß. Sie alle sind voller Angst, und ich weiß, daß ich sie von dieser Angst heilen könnte, wenn ich ihnen jene Gabe verschaffte, die Opfer und Wahl und Vergessen der Welt erfordert. Denn diese Blume hier ist vor allem eine Absage an alle anderen Blumen. Und eben nur unter dieser Bedingung ist sie schön. So ist es auch mit dem Gegenstand des Austausches. Und der Törichte, der daherkommt und jener alten Frau wegen ihrer Stickerei Vorwürfe macht, weil er meint, sie habe auch etwas anderes weben können – er zieht somit das Nichts der Schöpfung vor. So wandele ich und spüre über den Gerüchen des Lagerplatzes das Gebet aufsteigen, in dem alles reift und im Schweigen Gestalt gewinnt, langsam, fast ohne daß man daran denkt. In die Fluten der Zeit muß erst eintauchen, was Frucht werden soll, Stickerei oder Blume.

Antoine de Saint-Exupéry

So hatte der Tag und die Welt ihn lange nicht mehr angeblickt, so unbeschwert, schön und unschuldig. Das Glück der Freiheit und Selbstbestimmung durchflutete ihn wie ein starker Trank.

Jetzt aber, an diesem heitern lichten Septembernachmittag mit den kräftigen Farben der Nähe und den sanft behauchten, traumzarten, vom Blau ins Violett spielenden Tönen der Ferne, beim behaglichen Wandern und müßigen Schauen blickte jene vor so langer Zeit erlebte Fußreise nicht wie eine Ferne und ein Paradies in ein resigniertes Heute herein, sondern es war die heutige Reise der damaligen, der heutige Josef Knecht dem von damals brüderlich ähnlich, es war alles wieder neu, geheimnisvoll, vielversprechend, es konnte alles Gewesene wiederkehren und noch viel Neues dazu. So hatte der Tag und die Welt ihn lange nicht mehr angeblickt, so unbeschwert, schön und unschuldig. Das Glück der Freiheit und Selbstbestimmung durchflutete ihn wie ein starker Trank; wie lange hatte er diese Empfindung, diese holde und entzückende Illusion nicht mehr verspürt! Er sann nach und erinnerte sich der Stunde, in welcher einst dies köstliche Gefühl ihm angetastet und in Fesseln gelegt worden war, es war in einem Gespräch mit dem Magister Thomas, unter dessen freundlich-ironischem Blick, und wohl erinnerte er sich der unheimlichen Empfindung jener Stunde, in welcher er seine Freiheit verlor; sie war nicht eigentlich ein Schmerz, ein brennendes Leiden gewesen, sondern mehr eine Bangigkeit, ein leiser Schauder im Nakken, ein warnendes Organgefühl überm Zwerchfell, eine Änderung in der Temperatur und namentlich im Tempo des Lebensgefühls. Die so bange, zusammenziehende, von fern her mit Ersticken drohende Empfindung jener Schicksalsstunde wurde heute kompensiert oder geheilt.

Hermann Hesse

„So glücklich wie ich", rief er aus, „gibt es keinen Menschen unter der Sonne!" Mit leichtem Herzen und frei von aller Last sprang er nun fort.

Hans lud den Stein auf und ging mit vergnügtem Herzen weiter; seine Augen leuchteten vor Freude: „Ich muß in einer Glückshaut geboren sein!" rief er aus. „Alles, was ich wünsche, trifft ein, wie einem Sonntagskind." Indessen, weil er seit Tagesanbruch auf den Beinen gewesen war, begann er müde zu werden; auch plagte ihn der Hunger, da er allen Vorrat auf einmal in der Freude über die erhandelte Kuh aufgezehrt hatte. Er konnte endlich nur mit Mühe weitergehen und mußte jeden Augenblick haltmachen; dabei drückten ihn die Steine ganz erbärmlich. Da konnte er sich des Gedankens nicht erwehren, wie gut es wäre, wenn er sie gerade jetzt nicht zu tragen brauchte. Wie eine Schnecke kam er zu einem Feldbrunnen geschlichen, wollte da ruhen und sich mit einem frischen Trunk laben: damit er aber die Steine im Niedersitzen nicht beschädigte, legte er sie bedächtig neben sich auf den Rand des Brunnens. Darauf setzte er sich nieder und wollte sich zum Trinken bücken, da stieß er ein klein wenig an, und beide Steine plumpsten hinab. Hans, als er sie mit seinen Augen in die Tiefe hatte versinken sehen, sprang vor Freuden auf, kniete dann nieder und dankte Gott mit Tränen in den Augen, daß er ihm auch diese Gnade noch erwiesen und ihn auf eine so gute Art und ohne daß er sich einen Vorwurf zu machen brauchte, von den schweren Steinen befreit hätte, die ihm allein noch hinderlich gewesen wären. „So glücklich wie ich", rief er aus, „gibt es keinen Menschen unter der Sonne!" Mit leichtem Herzen und frei von aller Last sprang er nun fort, bis er daheim bei seiner Mutter war.

Gebrüder Grimm

Das Herz macht des Menschen Glück oder Unglück aus; nicht sein Verdienst.
(Friedrich Hebbel)

Ich weiß wohl, daß es viele gegeben hat und gibt, die glauben, die Ereignisse seien derart von Fortuna und von Gott vorherbestimmt, daß die Menschen mit ihrer Klugheit sie nicht lenken können, ja überhaupt nichts dagegen vermöchten, und die deshalb zu der Ansicht neigen, man sollte sich nicht viel abmühen, sondern sich der Leitung des Zufalls überlassen. Diese Meinung hat gerade in unsern Tagen viel Anklang gefunden wegen der großen Umwälzungen, die wir erlebt haben und alle Tage erleben und die sich aller menschlichen Berechnung entziehen. Im Gedanken hieran habe auch ich bisweilen bis zu einem gewissen Grade mich dieser Ansicht zugeneigt. Aber um unsere Willensfreiheit nicht ganz preiszugeben, halte ich nichtsdestoweniger dafür, daß Fortuna wohl zur Hälfte Herr ist über unsere Taten, aber die andre Hälfte, oder fast soviel, unsrer Leistung überläßt.

Niccolo Machiavelli

Rückkehr zur Wurzel heißt Stille.
Stille heißt Wendung zum Schicksal.
Wendung zum Schicksal heißt Ewigkeit.

Schaffe Leere bis zum Höchsten!
Wahre die Stille bis zum Völligsten!
Alle Dinge mögen sich dann zugleich
erheben.
Ich schaue, wie sie sich wenden.
Die Dinge in all ihrer Menge,
ein jedes kehrt zurück zu seiner Wurzel.
Rückkehr zur Wurzel heißt Stille.
Stille heißt Wendung zum Schicksal.
Wendung zum Schicksal heißt Ewigkeit.
Erkenntnis der Ewigkeit heißt Klarheit.
Erkennt man das Ewige nicht,
so kommt man in Wirrnis und Sünde.
Erkennt man das Ewige,
so wird man duldsam.
Duldsamkeit führt zu Gerechtigkeit.
Gerechtigkeit führt zur Herrschaft.
Herrschaft führt zum Himmel.
Himmel führt zum SINN
SINN führt zur Dauer.
Sein Leben lang kommt man nicht in
Gefahr.

Laotse

Jene dort habt ihr besiegt, weil sie sich in ihrer Selbstsucht einschlossen, zufrieden mit ihren Vorräten.

Und ich sage ihnen zum Schluß, um sie nach diesem Paradies trunken zu machen: In jenem Land werdet ihr also Palmenhaine kennenlernen und Vögel aller Farben ... Die Oase wird sich euch ergeben, weil ihr den Kult der Oase im Herzen tragt, während jene, die ihr aus ihr verjagt, ihrer nicht mehr würdig sind. Sogar ihre Frauen, die im Bach, der über kleine und runde Steine dahinplätschert, ihre Wäsche waschen, glauben damit nur eine traurige allgemeine Pflicht zu erfüllen, während sie doch in Wahrheit ein Fest feiern. Doch ihr, die ihr euch im Sand eure Schwielen holtet, die ihr ausgetrocknet seid in der Sonne und verkrustet von brennenden Salzlaugen – ihr werdet sie heimführen; die Fäuste in die Hüften gestemmt, werdet ihr ihnen zusehen, wie sie im blauen Wasser ihre Wäsche waschen, und so euren Sieg auskosten.
Nach Art der Zeder dauert ihr heute im Sande fort, dank euren Feinden, die euch umringen und härten; nach der Eroberung der Oase werdet ihr auch in ihr fortdauern, wenn sie euch nicht nur eine Zuflucht bedeutet, in der man sich einschließt und in der man vergißt, sondern ein bleibender Sieg über die Wüste. Jene dort habt ihr besiegt, weil sie sich in ihrer Selbstsucht

einschlossen, zufrieden mit ihren Vorräten. In dem Kranz des Sandes, der sie umschnürte, sahen sie nur einen Schmuck für ihre Oase und lachten über die lästigen Mahner, die sie zu bewegen suchten, an der Schwelle dieser Heimat der Brunnen die eingeschlafenen Wachtposten abzulösen.

Antoine de Saint-Exupéry

Sie verdarben am Trugbild eines Glückes, das sie aus ihren Besitztümern gewannen.

Sie verdarben am Trugbild eines Glückes, das sie aus ihren Besitztümern gewannen. Während doch das Glück nur auf der Glut der Taten und der Befriedigung über die schöpferische Leistung beruht. Alle die, die nichts Eigenes mehr austauschen, die ihre Nahrung von anderen empfangen – mag sie auch noch so fein und auserlesen sein –, ja selbst die Feinsinnigen, die fremden Gedichten lauschen, ohne ihre eigenen zu schreiben; die die Oase genießen, ohne sie mit Leben zu erfüllen und die fremden Lobgesänge verwenden, die man ihnen fertig geliefert hat – sie alle binden sich selbst an der Raufe ihres Stalles fest und sind reif für die Sklaverei, da sie sich mit dem Dasein des Herdenviehs begnügen.
Ich sagte ihnen: Wenn ihr die Oase erst einmal erobert habt, wird sich nichts Wesentliches für euch ändern. Sie ist nur ein Feldlager anderer Art inmitten der Wüste. Denn mein Reich ist von allen Seiten bedroht. Es besteht nur aus den gewohnten Ansammlungen von Ziegen, Hammeln, Häusern und Bergen; doch sobald der Knoten reißt, der sie miteinander verknüpft, bleibt nichts als ein Durcheinander von Stoffen zurück, das sich der Plünderung darbietet.

Antoine de Saint-Exupéry

Hinter uns allen ist ein Geist und ein Leben; wie können wir da glücklich sein, wenn unser Nachbar trauert? (Hazrat Inayat Khan)

Nun höre vom dreifachen Glück durch
mich, du bester Bhârata!
Wo man ruht nach ernster Arbeit und an
der Mühsal End' gelangt,
Glück, das am Anfang Gift erscheint, am
End' dem Nektar ähnlich ist,
Ein solches Glück ist wahrhaft gut, durch
Geistesheiterkeit erzeugt.
Ein Glück, das anfangs nektargleich, am
Ende doch als Gift sich zeigt,
Die Sinne fesselnd an die Welt, gehört
zum Reich der Leidenschaft.
Glück, das gleich und in der Folge die
Seele mit Verblendung schlägt,
In Schlaf, Faulheit, Nachlässigkeit – solch
Glück gehört zur Finsternis.
Nicht auf Erden, noch im Himmel, unter
den Göttern etwa gibt's
Ein Sein, das von der Qualität, der natür-
lichen, völlig frei.

Bhagawadgita

Als Gott wegen einer Masse Menschen, die aus sich selbst nichts machen können, in Verlegenheit war, da schuf er das Glück. (Friedrich Hebbel)

Kriton. Aber ich glaube, mein Sokrates, die Sonne steht noch über den Bergen und ist noch nicht untergegangen. Ich weiß auch, daß andere erst ganz spät getrunken haben, nachdem es ihnen angekündigt worden war; und sie haben auch vorher noch gut gegessen und getrunken, ja einige haben sogar noch Schöne zu sich kommen lassen, nach denen sie Verlangen hatten. Dränge also nicht, denn es hat noch Zeit!

Sokrates. Ganz natürlich ist es, mein Kriton, daß die, von denen du sprichst, so tun; denn sie meinen, dabei etwas zu gewinnen, wenn sie es tun, und ganz natürlich werde *ich* das nicht tun. Denn wenn ich ein wenig später trinke, so glaube ich nichts weiter zu gewinnen, als daß ich mir selbst lächerlich vorkommen würde, wenn ich so am Leben hinge und sparen wollte, wo nichts mehr ist. Wohlan denn, folge mir und handle nicht anders!

Platon

Das Glück kann man nur multiplizieren, wenn man es teilt. (Albert Schweitzer)

Als die Sonne aufging, war die Möwe Jonathan längst wieder bei ihren Flugversuchen. Aus fünfzehnhundert Metern Höhe waren die Fischerboote nur noch Pünktchen auf der weiten blauen Wasserfläche, war der Schwarm futtersuchender Möwen nur noch eine blasse Wolke aus kreiselnden Staubteilchen.
Und er lebte – leise bebend vor Entzükken, stolz, seine Furcht bezwungen zu haben. Ohne lange Vorbereitungen legte er die Armschwingen fest an, spreizte die geschweiften Handschwingen aus und stürzte sich senkrecht hinab. Bei zwölfhundert Metern über dem Meer hatte er die äußerste Geschwindigkeit erreicht. Wie eine kompakte Wand aus Gebrüll schlug ihm die Luft entgegen und machte weitere Beschleunigung unmöglich. Er flog jetzt abwärts mit über zweihundert Kilometern pro Stunde. Er schluckte krampfhaft. Entfalteten sich bei diesem Tempo die Flügel ganz wenig, dann würde er in winzige Fetzchen zerplatzen, nichts würde von ihm bleiben. Aber Geschwindigkeit war Macht, war Schönheit, war reines Glück.

Richard Bach/Russell Munson

Am Glückstag erfreue dich deines Glücks, und am Unglückstag sieh ein: Auch diesen hat Gott geschaffen. (Kohelet)

Wissen ist soviel wert wie Erbbesitz, es ist sogar mehr wert für die, welche die Sonne sehen;
denn wer sich im Schatten des Wissens birgt, der ist auch im Schatten des Geldes;
aber das ist der Vorteil des Könnens: Das Wissen erhält seinen Besitzer am Leben. – Doch sieh ein, daß Gottes Tun noch hinzukommt.
Denn:
Wer kann gerade biegen, was er gekrümmt hat?
Am Glückstag erfreue dich deines Glücks, und am Unglückstag sieh ein: Auch diesen hat Gott geschaffen, genau wie jenen, so daß der Mensch von dem, was nach ihm kommt, gar nichts herausfinden kann.

Kohelet

Das wird der Wahrheit geben, was ihr gebührt, ... , dem Heldentum jene zweite Stelle, die ihm zukommt, unmittelbar nach, aber niemals vor der mutigen Forderung nach Glück.

Er hätte wieder der werden mögen, der zu Beginn der Epidemie in einem einzigen Anlauf aus der Stadt hatte rennen wollen, um sich der Frau entgegenzuwerfen, die er liebte. Aber er wußte, daß das nicht mehr möglich war. Er hatte sich verändert; die Pest hatte eine Zerstreutheit in ihm entstehen lassen, die er mit seiner ganzen Kraft wegzuleugnen versuchte und die doch in ihm fortdauerte wie eine dumpfe Angst. In gewissem Sinn hatte er das Gefühl, die Pest habe zu jäh aufgehört; er hatte seine Geistesgegenwart noch nicht wiedergewonnen. Das Glück näherte sich mit großer Geschwindigkeit, das Ereignis war schneller als die Erwartung. Rambert erkannte, daß ihm alles mit einem Schlag wiedergeschenkt werden würde und daß die Freude ein brennendes Gefühl ist, das sich nicht auskosten läßt.

Albert Camus

„Man darf nie an die ganze Straße auf einmal denken, verstehst du? Man muß nur an den nächsten Schritt denken, an den nächsten Atemzug, an den nächsten Besenstrich. Und immer wieder nur an den nächsten.“

Beppo liebte diese Stunden vor Tagesanbruch, wenn die Stadt noch schlief. Und er tat seine Arbeit gern und gründlich. Er wußte, es war eine sehr notwendige Arbeit.
Wenn er so die Straßen kehrte, tat er es langsam, aber stetig: Bei jedem Schritt einen Atemzug und bei jedem Atemzug einen Besenstrich. Schritt – Atemzug – Besenstrich. Schritt – Atemzug – Besenstrich. Dazwischen blieb er manchmal ein Weilchen stehen und blickte nachdenklich vor sich hin. Und dann ging es wieder weiter – Schritt – Atemzug – Besenstrich – – –.
Während er sich so dahinbewegte, vor sich die schmutzige Straße und hinter sich die saubere, kamen ihm oft große Gedanken. Aber es waren Gedanken ohne Worte, Gedanken, die sich so schwer mitteilen ließen wie ein bestimmter Duft, an den man sich nur gerade eben noch erinnert, oder wie eine Farbe, von der man geträumt hat. Nach der Arbeit, wenn er bei Momo saß, erklärte er ihr seine großen Gedanken. Und da sie auf ihre besondere Art zuhörte, löste sich seine Zunge, und er fand die richtigen Worte.

„Siehst du, Momo", sagte er dann zum Beispiel, „es ist so: Manchmal hat man eine sehr lange Straße vor sich. Man denkt, die ist so schrecklich lang; das kann man niemals schaffen, denkt man."
Er blickte eine Weile schweigend vor sich hin, dann fuhr er fort: „Und dann fängt man an, sich zu eilen. Und man eilt sich immer mehr. Jedesmal, wenn man aufblickt, sieht man, daß es gar nicht weniger wird, was noch vor einem liegt. Und man strengt sich noch mehr an, man kriegt es mit der Angst, und zum Schluß ist man ganz außer Puste und kann nicht mehr. Und die Straße liegt immer noch vor einem. So darf man es nicht machen."
Er dachte einige Zeit nach. Dann sprach er weiter: „Man darf nie an die ganze Straße auf einmal denken, verstehst du? Man muß nur an den nächsten Schritt denken, an den nächsten Atemzug, an den nächsten Besenstrich. Und immer wieder nur an den nächsten."
Wieder hielt er inne und überlegte, ehe er hinzufügte: „Dann macht es Freude; das ist wichtig, dann macht man seine Sache gut. Und so soll es sein."
Und abermals nach einer langen Pause fuhr er fort: „Auf einmal merkt man, daß man Schritt für Schritt die ganze Straße gemacht hat. Man hat gar nicht gemerkt wie, und man ist nicht außer Puste." Er nickte vor sich hin und sagte abschließend: „Das ist wichtig."

Michael Ende

Das Glück tritt gern in ein Haus ein, wo gute Laune herrscht. (Japanisch)

Umwertung aller Werte

Ein Mensch von gründlicher Natur
Macht bei sich selber Inventur.
Wie manches von den Idealen,
Die er einst teuer mußte zahlen,
Gibt er, wenn auch nur widerwillig,
Weit unter Einkaufspreis, spottbillig.
Auf einen Wust von holden Träumen
Schreibt er entschlossen jetzt: „Wir räumen!“
Und viele höchste Lebensgüter
Sind nur mehr alte Ladenhüter.
Doch ganz vergessen unterm Staube
Ist noch ein Restchen alter Glaube,
Verschollen im Geschäftsbetriebe
Hielt sich auch noch ein Quentchen Liebe,
Und unter wüstem Kram verschloffen
Entdeckt er noch ein Stückchen Hoffen.
Der Mensch, verschmerzend seine Pleite,
Bringt die drei Dinge still beiseite
Und lebt ganz glücklich bis zur Frist,
Wenn er noch nicht gestorben ist.

Eugen Roth

Ich bin gekommen,
daß sie das Leben haben
und es in Fülle haben.

(Johannesevangelium)

III Das Gelingen des Lebens in christlicher Sicht

Augustinus versuchte als erster eine religiöse Bestimmung des Glücks. Er identifizierte es mit der „Seligkeit". Von hier aus war es nur ein kleiner Schritt zu den Seligpreisungen der Bergpredigt. Peter Abälard (ein Theologe des 12. Jahrhunderts) hält im „Dialog zwischen einem Philosophen, Juden und Christen" nur die Menschen für glücklich, die sich an den Vorgaben der Bergpredigt orientieren. Thomas von Aquin griff im folgenden Jahrhundert diesen Gedanken auf. Beiden kam es darauf an, unzulängliche religiöse Glücksverheißungen abzuweisen. Ich meine, daß die Glücksverheißungen der Bergpredigt nicht auf zukünftiges Glück verweisen, sondern auf gegenwärtiges.

Die Bergpredigt nennt folgende Bedingungen des Glücks:

1. Glücklich sind diejenigen, die von nichts besessen werden, denn sie erfahren, daß es etwas gibt, das größer ist als sie. Ein Mensch, der nichts Größeres über sich anerkennt und sich so zum eigenen Gott macht, wird sich kaum mit seiner Endlichkeit, seinem Leid, seinem Tod versöhnen können. Er wird unglücklich sein. Es wird ihm schwer werden, sein Leben gelingen zu lassen.

2. Glücklich sind diejenigen, die noch trauern können, denn nur sie können getröstet werden. Trauerarbeit bedeutet Abschied zu nehmen von etwas, das uns wichtig

geworden ist. Wer nicht trauern kann, wird nicht Abschied nehmen können, sondern entweder sich in das Reich seiner Erinnerungen zurückziehen oder resignieren. Solche Resignation aus mißlingender Ent-Täuschung endet meist in ungekonnter Aggressivität, die sich gegen den Enttäuschten selbst oder gegen andere richtet. Vom Leben dauerhaft enttäuschte Menschen sind selten glücklich.

3. Glücklich sind diejenigen, die keine Gewalt anwenden, denn nur sie werden Heimat finden. Zu wissen, wohin man gehört, ist sicher für die meisten Menschen eine notwendige Bedingung des Glücks. Die Heimat schenkt Geborgenheit, Schutz und Orientierung. Zur Heimat können werden Orte, Menschen, Überzeugungen, das Wissen um den Sinn des eigenen Lebens. Heimatlosigkeit macht meistens unglücklich. Zwar gibt es Menschen, die so viel Chaos in sich bergen, daß sie nirgends Heimat finden können und dennoch – vielleicht gerade deswegen – glücklich sind. Ihr Leben glückt ihnen, wenn es ihnen gelingt, ihre Heimatlosigkeit in Kreativität zu wandeln.

4. Glücklich sind diejenigen, die sich mühen, ihrem sittlichen Gewissen zu folgen (die Bibel nennt das „Gerechtsein“), denn sie werden ihr Lebensziel erreichen. Nur das sittliche Gewissen schenkt uns Lebenssinn und damit sichere Orientierung. Bedeutet das, daß die weitaus meisten Menschen, die niemals eine realistische Chance hatten,

ein sittliches Gewissen auszubilden, unglücklich seien? Das bedeutet es nicht. Wenn auch die Philosophie die Sittlichkeit als eine notwendige Bedingung des Glücks lehrt, so weiß die Religiosität, daß es eine Form verborgener Sittlichkeit gibt, die durchaus zum Glükken des Lebens ausreichen kann. Verborgen ist jene Sittlichkeit, in der Menschen, durch äußere Umstände bewegt, unbewußt eine Wertordnung aufbauen, die zu sittlich-geleitetem Handeln und Entscheiden führt.

5. Glücklich sind diejenigen, die barmherzig sind, denn auch ihnen wird man verzeihen. Wir alle benötigen das Verzeihen anderer. Wir alle tun Menschen Unrecht. Das fundamentalste Unrecht tun wir anderen an, wenn wir ihnen in unseren Handlungen ein Bild zurückspiegeln, in dem sie sich nicht wiedererkennen können. Aber auch zahlreiche andere Formen des Unrechts,

   - wie des moralischen Richtens (immer wieder betont Jesus: „Richtet nicht, damit ihr nicht gerichtet werdet"),
   - der Ungeduld,
   - des Nicht-ernst-Nehmens,
   - des Keine-Zeit-Habens,
   - des Beherrschen-Wollens (wer einen Menschen beherrschen will, hat ihn verloren),
   - des Über-Menschen-Redens (statt mit ihnen zu sprechen)
   - der Intoleranz (intolerant ist der, der nicht das Anderssein des Anderen akzeptiert)

fordern die barmherzige Verzeihung des Betroffenen ein. Verzeihen bedeutet nicht, sich mit allen widrigen Umständen abzufinden. Nein: Es gilt sie durchaus zu verändern, denn sozialschädliches Verhalten muß niemand gegen sich gelten lassen. Man wird es zu ändern versuchen, da sehr oft dem anderen jedes Unrechtsbewußtsein abgeht (selbst wenn er die Bibel kennen sollte, selbst wenn er eine hohe kirchliche Funktion innehat). Dennoch gilt es, dem und den anderen zu verzeihen. Auf die Frage des Petrus, wie oft man einem Menschen verzeihen müsse, wenn er sich gegen ihn versündige, antwortet Jesus „siebenundsiebzigmal“ (das steht für „immer und ohne jede Einschränkung”) (Mt 18,22). Die Barmherzigkeit ist der wichtigste Ausdruck christlicher Nächstenliebe. „Nächstenliebe“ geht über Toleranz hinaus, indem sie das Anderssein des Andern nicht nur akzeptiert, sondern auch bejaht. Barmherzigkeit dürfte ohne Nächstenliebe unmöglich sein. Es ist eines der Geheimnisse des in Kirchen organisierten Christentums, daß in ihm Barmherzigkeit und Nächstenliebe oft eine eher periphere Rolle spielen. Das Anderssein des Anderen wurden viel häufiger in den Geschichten der Kirchen verfolgt als bejaht.

6. Glücklich sind diejenigen, die unberührt bleiben von Gemeinheiten, Hinterlist, Tücke, Lüge und Trug (die Bibel nennt sie die „Reinen“), denn sie werden das Göttliche erfahren (die Bibel sagt: „Sie werden Gott schauen“). Sicherlich ist ein Mensch, dessen

Fühlen und Sinnen von Gemeinheit, Hinterlist, Tücke, Lüge und Trug beherrscht werden, ein unendlich armer Mensch, der sich selbst verloren hat und sich selbst verloren gibt. Auch hier droht die Gefahr der Selbsttäuschung. Ich bin noch niemals einem Menschen begegnet, der sich selbst zugestanden hätte, daß sein Trachten von Gemeinheit und Hinterlist, von Tücke und Trug geleitet würden. Und dennoch handeln nicht wenige Menschen so, daß die Sozial-Schädlichkeit ihres Handeln und Verhaltens gegenüber einzelnen Menschen eine solche Motivation nahelegt. Zutiefst unglücklich sind solche Menschen allemal. Nicht selten ist gerade die Furcht vor dem Mißlingen oder gar die Wahrnehmung des Mißlingens des eigenen Lebens der entscheidende Auslöser für die Ausbildungen solcher Motive.

7. Glücklich sind diejenigen, die verfolgt und verleumdet werden, weil sie sich um Sittlichkeit mühen, denn bei ihnen wohnt das Göttliche (die Bibel spricht davon, daß ihnen das Gottesreich eigen sei). Ein Mensch, der seinem Stern folgt, wird sicherlich von all denen verfolgt, deren (oft pseudo-moralische) Normen er zur Disposition stellt. Die klassischen Verfolger sind die „Systemagenten“, Menschen, deren zentrale Handlungsmotive auf den Erhalt oder die Expansion eines sozialen Systems (etwa einer Partei, einer Kirche, eines Verbandes) abzwecken. Solche Systemagenten sind sicherlich unglückliche Menschen, denn sie leben nicht ihr eigenes Leben, sondern das Leben des

Systems, dem sie sich verschrieben haben. Kann dann Leben glücken? Andererseits ist das Glücken des Lebens nicht durch Verfolgung und Verleumdung gefährdet, wenn diese ihren Grund in der Realisierung von Sittlichkeit haben.

Wiederum sollte diese Darstellung von Bedingungen des Glücks nicht abstrakt bleiben. Da die Bergpredigt nicht etwa nur das Gründungsmanifest des Christentums ist, sondern Menschlichkeit auf den Punkt bringt, sollten wir uns fragen, ob und in welchem Umfang wir die von ihr aufgezählten Bedingungen des Glücks erfüllen. Was können wir tun, damit uns unser Leben gelingt? Gehen Sie bitte die „Glücklichpreisungen“ der Bergpredigt Punkt für Punkt durch und überlegen Sie, in welchen Situationen Sie sich am weitesten von diesen Idealen entfernen. Fragen Sie sich bitte, wann und unter welchen Bedingungen Sie der Erfüllung dieser Ideale nahekommen. Wenn Sie sich der Jesusbotschaft verpflichtet wissen, überprüfen Sie bitte, in welcher Nähe Sie zu dieser Botschaft stehen.

(Rupert Lay)

Was sonst heißt glückselig sein, wenn nicht dies: etwas Ewiges erkennend besitzen. (Aurelius Augustinus)

Die Seligpreisungen

Er sagte:
Selig, die arm sind vor Gott; / denn ihnen gehört das Himmelreich.
Selig die Trauernden; / denn sie werden getröstet werden.
Selig, die keine Gewalt anwenden; / denn sie werden das Land erben.
Selig, die hungern und dürsten nach der Gerechtigkeit; / denn sie werden satt werden.
Selig die Barmherzigen; / denn sie werden Erbarmen finden.
Selig, die ein reines Herz haben; / denn sie werden Gott schauen.
Selig, die Frieden stiften; / denn sie werden Söhne Gottes genannt werden.
Selig, die um der Gerechtigkeit willen verfolgt werden; / denn ihnen gehört das Himmelreich.
Selig seid ihr, wenn ihr um meinetwillen beschimpft und verfolgt und auf alle mögliche Weise verleumdet werdet. Freut euch und jubelt: Euer Lohn im Himmel wird groß sein. Denn so wurden schon vor euch die Propheten verfolgt.

Matthäusevangelium

Es geht nicht darum, daß ich mich von meinen großen Zielen abwende, aber es gilt, dieses kleine Mädchen zu trösten!

Herr, ich will, daß meine Krieger edel werden, ich will die Schönheit meiner Tempel begründen, gegen die sich die Menschen austauschen können und die ihrem Leben einen Sinn geben. Doch als ich heute abend in der Einöde meiner Liebe einherging, begegnete ich einem kleinen Mädchen in Tränen. Ich bog seinen Kopf zurück, um in seinen Augen zu lesen. Und sein Kummer hat mich geblendet. Wenn ich es ablehne, Herr, ihn kennenzulernen, lehne ich einen Teil der Welt ab und habe mein Werk nicht vollendet. Es geht nicht darum, daß ich mich von meinen großen Zielen abwende, aber es gilt, dieses kleine Mädchen zu trösten! Denn nur dann geht alles gut in der Welt. Auch das kleine Mädchen ist Sinnbild der Welt.

Antoine de Saint-Exupéry

Erstens: Glückseligkeit heißt Vollendung.
Zweitens: Vollendung heißt Verwirklichung.
Drittens: Verwirklichung geschieht durch Wirken.

„Ewiges Leben"

Drei Sätze über die Glückseligkeit – Erstens: *Glückseligkeit heißt Vollendung.* Es gehört zum Begriff der Glückseligkeit als des äußersten Glückes, daß „nichts zu wünschen übrigbleibt", daß also, wer immer glückselig ist, das letzte Ziel erreicht hat. „In der vollkommen Glückseligkeit vollendet sich der ganze Mensch." – Zweitens: *Vollendung heißt Verwirklichung.* Der Mensch erreicht Vollendung, indem der Entwurf, der er selber ist, realisiert und „aus-verwirklicht" wird. Wenn also Glückseligkeit soviel bedeutet wie Vollendung, dann gilt: „Die Glückseligkeit muß in dem äußersten Wirklichsein des Menschen bestehen." – Drittens: *Verwirklichung geschieht durch Wirken.* Damit ist jetzt nicht gemeint, nur durch Tun und Machen werde etwas zustande gebracht. Der Sinn ist vielmehr dieser: „Wirken ist die letzte Verwirklichung dessen, der wirkt"; das heißt: nur indem der Mensch wirkt, verwirklicht er sich selbst.

Josef Pieper

Glück ist Liebe, nichts anderes. Wer lieben kann, ist glücklich. (Hermann Hesse)

Da sagte Almitra: „Sprich zu uns über die Liebe!“
Er erhob seinen Kopf und blickte auf die Menge,
und Schweigen ergriff die Versammelten.
Dann begann er mit lauter Stimme:
„Wenn die Liebe Dir winkt, so folge ihr,
mögen ihre Wege auch hart und steil sein.
Und wenn ihre Flügel Dich umschließen,
so überlasse Dich ihr,
mag auch das Schwert,
das sie unter ihrem Gefieder verbirgt,
Dich verwunden...
Und wenn sie zu Dir spricht,
so schenk ihr Dein Vertrauen,
obgleich ihre Stimme Deine Träume zerschlägt,
wie der Nordwind den Garten verwüstet.

Denn wie die Liebe Dich krönt,
so wird sie Dich auch kreuzigen,
und wie Du Dich durch sie entfaltest,
so wirst Du auch durch sie beschnitten.
Wie sie sich zu Deinen Höhen erhebt,
um Deine zartesten Zweige zu liebkosen,
die in der Sonne zittern,
so steigt sie auch hinab zu Deinen Wurzeln,

die sich am Erdboden festklammern,
um sie aufzurütteln.
Wie eine Korngarbe liest sie Dich auf
und drischt Dich, um Dich zu entblößen;
Sie siebt Dich, um Dich von Deiner Spreu
zu befreien,
und zerreibt Dich, bis Du weiß bist.
Und dann übergibt sie Dich ihrem heiligen
Feuer,
auf daß Du zu heiligem Brot werdest
für Gottes heiliges Festmahl.

All diese Dinge wird die Liebe Dir antun,
damit Du die Geheimnisse Deines Her-
zens kennst
und aufgrund dieser Erkenntnis
ein Teil vom Herzen des Lebens wirst.
Suchst Du aber in Deiner Kleinherzigkeit
nur der Liebe Lust und Frieden,
dann tust Du besser daran,
Deine Blöße zu verhüllen,
und die Tenne der Liebe zu vertauschen
mit der Welt ohne Jahreszeiten,
wo Du lachen wirst,
aber nicht Dein ganzes Lachen,
und wo Du weinen wirst,
aber nicht all Deine Tränen.

Die Liebe gibt nur sich selbst,
und sie nimmt nur von sich selbst.
Sie will nicht besitzen
und läßt sich nicht in Besitz nehmen.
Liebe genügt der Liebe.
Wenn Du liebst, sag nicht:
Gott ist in meinem Herzen!
Sag vielmehr: Ich bin im Herzen Gottes!

Und glaub nicht, daß Du den Lauf der
Liebe lenken kannst!
Es ist die Liebe, die Deinen Lauf lenkt,
wenn sie Dich für würdig hält.
Liebe hegt keinen anderen Wunsch,
als sich zu erfüllen.
Sollst Du aber dennoch Wünsche haben,
so seien diese Deine Wünsche:
Aufzutauen und gleich einem fließenden
Bach zu sein,
der sein Lied der Nacht singt;
den Schmerz zu großer Zärtlichkeit zu
kennen;
von Deinem Verständnis der Liebe
verwundet zu sein
und freiwillig und fröhlich zu bluten;
beim Morgendämmer mit beflügeltem
Herzen zu erwachen
und für einen neuen Tag der Liebe zu
danken;
mittags zu ruhen und nachzusinnen
über die Ekstase der Liebe;
abends dankbar heimzukehren
und einzuschlafen mit einem Gebet
für die Geliebte im Herzen
und auf den Lippen einen Lobgesang.

Khalil G. Gibran

Wir bitten dich für jeden Menschen auf dieser Erde, dessen Frieden und Glück in Gefahr sind.

Herr, du Schöpfer dieser Welt.
Wir leben von deiner Güte und Weisheit.

Die Welt gehört nicht uns, sie gehört dir.
Unsere Wissenschaft geht deinen Gedanken nach.
Unsere Technik verläßt sich auf deine Gesetze.
Unsere Wirtschaft lebt von deinen Gütern.
Unsere Politik ist dir verantwortlich.
Wir danken dir für Geist und Kraft der Menschen,
denn Geist und Kraft sind von dir.

Du hast uns den Frieden anvertraut,
die Freude und das Glück aller Menschen.
Wir bitten dich für jeden Menschen auf dieser Erde,
dessen Frieden und Glück in Gefahr sind.

Du hast auch mich glücklich gemacht.
ich danke für den geliebten Menschen,
den du mir gegeben hast,
der mich liebt und zu mir steht,
der eine Last mit mir trägt und meine Gedanken teilt,
der mich tröstet und mit mir glücklich ist
und mit mir zusammen den Frieden sucht.
Wir bitten dich, bewahre uns den Frieden

und bewahre uns davor,
den Frieden anderer zu gefährden:
den Frieden unserer Kinder, Freunde und Nachbarn
und aller, denen wir begegnen.

Herr, uns Menschen ist viel Macht gegeben.
Was deine Weisheit geschaffen hat,
ist uns unweisen Menschen anvertraut.
Was du gegeben hast, damit wir leben können,
ist Gefahr geworden für unser aller Leben.
Wir möchten dir danken für deine Welt.
Wir möchten einander schützen vor Gewalt und Haß.
Wir möchten deine Gaben behüten:
die Menschen und ihr Glück.
Wir bitten dich, Schöpfer dieser Welt,
hilf uns und gib Gelingen.

Jörg Zink

Wer sich selbst nichts gönnt, wem kann der Gutes tun? / Er wird seinem eigenen Glück nicht begegnen.

Wohl dem Menschen, dem sein eigener Mund keine Vorwürfe macht, / der nicht klagen muß vor Kummer über seine Sünden.
Wohl dem Menschen, der sich nicht selbst tadeln muß / und dessen Hoffnung nicht aufhört.
Einem Engherzigen steht Reichtum nicht an. / Wozu braucht ein Geiziger Gold?
Wer gegen sich selbst geizt, sammelt für einen andern; / in seinen Gütern wird ein Fremder schwelgen.
Wer sich selbst nichts gönnt, wem kann der Gutes tun? / Er wird seinem eigenen Glück nicht begegnen.
Keiner ist schlimmer daran als einer, der sich selbst nichts gönnt, / ihn selbst trifft die Strafe für seine Mißgunst.
Tut er etwas Gutes, dann tut er es aus Versehen, / und am Ende zeigt er seine Schlechtigkeit.
Schlimm ist ein Geizhals, / der sein Gesicht abwendet und die Hungernden verachtet.
Dem Auge des Toren ist sein Besitz zu klein, / ein geiziges Auge trocknet die Seele aus.

Jesus Sirach

Aller Charme des Lebens ist nur möglich, wenn wir die Kunst lernen, in edler Einfachheit zu leben.

Lebensqualität

Hohes Denken ist unverträglich mit einem komplizierten, auf großen Aufwand gegründeten materiellen Leben, das uns durch den Mammonskult aufgezwungen wird. Aller Charme des Lebens ist nur möglich, wenn wir die Kunst lernen, in edler Einfachheit zu leben.
Es mag sensationell sein, gefährlich zu leben. Wir müssen einen Unterschied machen zwischen dem Leben angesichts der Gefahr und dem Gefährlich-Leben. Ein Mann, der es wagt, allein in einem Walde zu leben, der von wilden Tieren und wilderen Menschen bewohnt ist, und zwar ohne Gewehr, mit Gott als seiner einzigen Hilfe, lebt angesichts der Gefahr. Ein Mann, der stets auf dem Seil lebt und Kopfsprünge zur Erde hinab macht zum Staunen der gaffenden Welt, lebt gefährlich. Das eine Leben ist sinnvoll, das andere sinnlos …

Mahatma Gandhi

Wer das Glück nicht genießt, solange er es hat, sollte sich nicht beklagen, wenn es vorbei ist. (Cervantes)

Der gute Hirt

(Ein Psalm Davids)
Der Herr ist mein Hirte, / nichts wird mir fehlen.
Er läßt mich lagern auf grünen Auen / und führt mich zum Ruheplatz am Wasser.
Er stillt mein Verlangen; / er leitet mich auf rechten Pfaden, treu seinem Namen.
Muß ich auch wandern in finsterer Schlucht, / ich fürchte kein Unheil;
denn du bist bei mir, / dein Stock und dein Stab geben mir Zuversicht.
Du deckst mir den Tisch / vor den Augen meiner Feinde.
Du salbst mein Haupt mit Öl, / du füllst mir reichlich den Becher.
Lauter Güte und Huld werden mir folgen mein Leben lang, / und im Haus des Herrn darf ich wohnen für lange Zeit.

Buch der Psalmen

Die Menschheit ist miteinander verwoben, und das Glück eines jeden hängt vom Glück aller ab.

Der große Fehler moderner Erziehung besteht darin, daß bei allen fortschrittlichen Methoden der Ausbildung ein sehr wichtiger Teil fehlt: die Erziehung zur Selbstlosigkeit. Man hält einen selbstlosen Menschen für unfähig, seine eigenen Interessen im Leben zu vertreten; aber wenn es auch so scheinen mag, ist dies in Wirklichkeit doch nicht der Fall. Ein selbstsüchtiger Mensch ist eine Enttäuschung für andere und schließlich auch eine Enttäuschung für sich selbst. Die Menschheit ist miteinander verwoben, und das Glück eines jeden hängt vom Glück aller ab. Dies muß die Menschheit heute als erste und wichtigste Lektion lernen.

Hazrat Inayat Khan

Die Tragik des modernen Menschen ist nicht, daß er immer weniger über den Sinn des eigenen Lebens weiß, sondern daß ihn das immer weniger stört. (Václav Havel)

Die Frage des Täufers

Johannes erfuhr das alles von seinen Jüngern. Da rief er zwei von ihnen zu sich, schickte sie zum Herrn und ließ ihn fragen: Bist du der, der kommen soll, oder müssen wir auf einen andern warten? Als die beiden Männer zu Jesus kamen, sagten sie: Johannes der Täufer hat uns zu dir geschickt und läßt dich fragen: Bist du der, der kommen soll, oder müssen wir auf einen andern warten? Damals heilte Jesus viele Menschen von ihren Krankheiten und Leiden, befreite sie von bösen Geistern und schenkte vielen Blinden das Augenlicht. Er antwortete den beiden: Geht und berichtet Johannes, was ihr gesehen und gehört habt: Blinde sehen wieder, Lahme gehen, und Aussätzige werden rein; Taube hören, Tote stehen auf, und den Armen wird das Evangelium verkündet. Selig ist, wer an mir keinen Anstoß nimmt.

Lukasevangelium

Glücklich sein hängt nicht davon ab, daß wir bekommen, was wir nicht haben, sondern davon, wie gut wir nutzen, was wir haben.
(Thomas Hardy)

Das Geheimnis des Glücks ist unter der Hülle geistiger Erkenntnis verborgen. Und geistige Erkenntnis ist nur dies: daß im Menschenherzen ein immerwährendes Sehnen ist, etwas von seinem Ursprung zu erfahren, etwas von seinem ursprünglichen Zustand zu erleben – von dem Zustand des Friedens und der Freude, der gestört worden ist und immer wieder gestört wird und nach dem man das ganze Leben hindurch sich sehnt und sucht, nach dem zu suchen man nicht aufhören kann, bis schließlich der wahre Ursprung gefunden und verwirklicht ist. Was war es, das in der Wildnis Freude und Friede gab? Was war es, das in den Wäldern, in der Einsamkeit zu uns kam? Es war nichts anderes als die Tiefe des eigenen Lebens, die still ist wie die Tiefe des großen Meeres, so still, so ruhig. Es ist die Oberfläche des Meeres, die Wellen wirft und dröhnend brandet; die Tiefe ist ruhig, ist still. So ist auch die Tiefe unseres eigenen Wesens still.

Hazrat Inayat Khan

Wenn wir die Zufriedenheit nicht in uns finden, ist es zwecklos, sie anderswo zu suchen.
(La Rochefoucauld)

Bei Sonnenuntergang kam der Vater meines Bräutigams zur Mutter Jesu und flüsterte ihr zu: „Wir haben keinen Wein mehr für unsere Gäste, und der Tag ist noch nicht zu Ende". Jesus hörte es und entgegnete: „Der Mundschenk weiß, daß es noch Wein gibt!" Das war wahr. Während des ganzen Abends ging der Wein nicht aus.
Da begann Jesus zu sprechen. Er erzählte uns von der Herrlichkeit des Himmels und der Erde; von himmlischen Blumen, die blühen, wenn die Nacht sich über die Erde ausbreitet, und von irdischen Blumen, die erscheinen, wenn der Tag die Sterne verhüllt.
Er erzählte uns Geschichten und Gleichnisse, und Seine Stimme zog uns so sehr in ihren Bann, daß wir Ihn anstarrten wie eine Vision und unsere Becher und Teller vergaßen. Mir kam es vor, in einem weitentfernten, unbekannten Land zu weilen.
Später sagte einer unserer Gäste zum Vater meines Bräutigams: „Du hast den besten Wein bis zum Ende des Festes aufgehoben. Die anderen Gastgeber tun das Gegenteil."
Und alle glaubten, daß Jesus ein Wunder vollbracht hatte, damit wir zum Ausklang

des Festes besseren Wein als zu Anfang kosteten.
Ich glaubte auch, daß Jesus uns den Wein geschenkt hat, und ich war nicht überrascht, denn schon Seine Stimme war voller Wunder. Und Seine Stimme blieb in meinem Herzen, bis ich mein erstes Kind gebar.
In unserem Dorf und in den Nachbardörfern erinnert man sich noch bis zum heutigen Tag der Worte unseres Gastes. Und die Dorfleute sagen: „Der Geist Jesu von Nazareth ist der älteste und beste aller Weine!“

Khalhil G. Gibran

Vögel singen, auch wenn die Zweige brechen,
denn sie wissen, daß sie Flügel haben.
(Salvador Diaz Mirón)

Herr, wo du gehst, verändert sich die
Welt.
Du willst, daß wir mit dir gehen.

Du bist gekommen, damit die Blinden
sehen,
die Lahmen gehen, die Aussätzigen rein
werden
und die Armen die Liebe Gottes glauben.

Öffne uns die Augen, daß wir erkennen,
was Menschen leiden an Leib und Seele.
Stärke unseren Willen,
daß wir uns mit Leid und Qual der Men-
schen nicht abfinden.
Gib uns den Glauben,
daß wir ausblicken auf die Zeit,
in der du Leid und Qual überwinden wirst.

Du bist der Arzt. Heile uns,
damit unsere Füße Kraft haben, zu stehen,
unsere Hände Kraft, zu schaffen und zu
segnen,
die Augen Kraft, zu erkennen, was in den
Menschen ist,
die Ohren, das Leise zu vernehmen.

Wir beten deine Wunder an.
Herr, durch deine Liebe veränderst du die Welt.

Wir danken dir, daß du unser Glück willst.
Gib uns das Glück und den Frieden.

Jörg Zink

Ich sage zum Herrn: „Du bist mein Herr;/mein ganzes Glück bist du allein."

Gott, der Anteil seiner Getreuen
[Ein Lied Davids]
Behüte mich, Gott, denn ich vertraue dir./Ich sage zum Herren: „Du bist mein Herr;/mein ganzes Glück bist du allein."
An den Heiligen im Lande, den Herrlichen,/an ihnen nur hab' ich mein Gefallen.
Viele Schmerzen leidet, wer fremden Göttern folgt./Ich will ihnen nicht opfern,/ich nehme ihre Namen nicht auf meine Lippen.
Du, Herr, gibst mir das Erbe und reichst mir den Becher;/du hältst mein Los in deinen Händen.
Auf schönem Land fiel mir mein Anteil zu./Ja, mein Erbe gefällt mir gut.
Ich preise den Herrn, der mich beraten hat./Auch mahnt mich mein Herz in der Nacht.
Ich habe den Herrn beständig vor Augen./Er steht mir zur Rechten, ich wanke nicht.
Darum freut sich mein Herz und frohlockt meine Seele;/ auch mein Leib wird wohnen in Sicherheit.
Denn du gibst mich nicht der Unterwelt preis;/du läßt deinen Frommen das Grab nicht schauen.
Du zeigst mir den Pfad zum Leben./Vor deinem Angesicht herrscht Freude in Fülle,/zu deiner Rechten Wonne für alle Zeit.

Buch der Psalmen

Das Ziel des Lebens ist, es intensiv zu leben, ganz geboren zu werden; das Leben zu lieben und dennoch den Tod ohne Schrecken hinzunehmen.

Das Ziel des Lebens ist, es intensiv zu leben, ganz geboren zu werden: sich von kindischer Großmannssucht zu erheben zur Überzeugung von den eigenen, wirklichen, obwohl begrenzten Kräften; das Paradoxon zu bejahen, daß ein jeder von uns das Allerwichtigste im Weltall und zugleich nicht bedeutender ist als eine Fliege oder ein Grashälmchen; das Leben zu lieben und dennoch den Tod ohne Schrecken hinzunehmen; Ungewißheit über die wichtigsten Fragen, vor die das Leben uns stellt, zu ertragen und dennoch unsern Gedanken und Gefühlen zu vertrauen, so weit sie wirklich die unsern sind. Und schließlich: fähig zu sein, mit sich selber allein zu bleiben und sich trotzdem eins zu fühlen mit einem geliebten Menschen, mit jedem Bruder auf dieser Erde, mit allem Lebendigen; der Stimme des Gewissens zu folgen – jener Stimme, die uns zu uns selber ruft – und doch nicht in Selbsthaß auszubrechen, wenn die Sprache des Gewissens nicht laut genug war, um gehört und befolgt zu werden. Der geistig-seelisch Gesunde ist der Mensch, der aus Liebe, Vernunft und Glauben lebt, der das Leben, das eigne und das des Mitmenschen, hoch hält.

Erich Fromm

Glücksempfinden erwächst aus dem Erlebnis eines schöpferischen Lebens, aus dem Gebrauch unsrer Liebens- und Vernunftkräfte, die uns mit der Welt vereinen.

Als lebendige Menschen müssen wir uns trauernd Rechenschaft geben von der notwendigen Lücke zwischen unsern Erwartungen und dem, was wir in unserm kurzen und unruhigen Leben zu vollbringen vermögen. Weil der Tod uns vor die unvermeidliche Tatsache stellt, daß wir entweder vor unsern Lieben sterben werden oder sie vor uns, und weil wir täglich rund um uns herum Leiden wahrnehmen – sowohl das unumgängliche als das unnötige –, wie können wir dann das Erlebnis von Schmerz und Betrübnis vermeiden? Dies wäre nur möglich, wenn wir unser Empfindungsvermögen, unsre Reaktionsfähigkeit und unsre Liebe abstumpfen, wenn wir unsre Herzen verhärten und unser Eingehen auf andre, unsere Gefühle für sie und für uns selber ertöten.

Glücksempfinden erwächst aus dem Erlebnis eines schöpferischen Lebens, aus dem Gebrauch unsrer Liebens- und Vernunftkräfte, die uns mit der Welt vereinen.

Glück erfüllt uns, wenn wir den Felsengrund der Realität berühren, wenn wir unser Ich und unser Einssein mit andern, wie auch unsre Verschiedenheit von ihnen entdecken. Glück bedeutet einen Zustand höchster innerer Aktivität und das Erlebnis wachsender Lebenskraft, die aus der schöpferischen Beziehung zur Welt und zu uns selber hervorgeht.

Erich Fromm

Du bist mein Schutz, bewahrst mich vor Not;/du rettest mich und hüllst mich in Jubel.

Freude über die Vergebung
[Von David. Ein Weisheitslied]
Wohl dem, dessen Frevel vergeben/und dessen Sünde bedeckt ist.
Wohl dem Menschen, dem der Herr die Schuld nicht zur Last legt/und dessen Herz keine Falschheit kennt.
Solang' ich es verschwieg, waren meine Glieder matt,/den ganzen Tag mußte ich stöhnen.
Denn deine Hand lag schwer auf mir bei Tag und bei Nacht;/meine Lebenskraft war verdorrt wie durch die Glut des Sommers.[Sela]
Da bekannte ich dir meine Sünde/und verbarg nicht länger meine Schuld vor dir.
Ich sagte: Ich will dem Herrn meine Frevel bekennen./Und du hast mir die Schuld vergeben.[Sela]
Darum soll jeder Fromme in der Not zu dir beten;/fluten hohe Wasser heran, ihn werden sie nicht erreichen.
Du bist mein Schutz, bewahrst mich vor Not;/du rettest mich und hüllst mich in Jubel.

Buch der Psalmen

Wenn man glücklich ist, sollte man nicht noch glücklicher sein wollen. (Theodor Fontane)

Menschen werden heute oft unglücklich, weil sie um jeden Preis glücklich werden wollen. Sie wissen, daß sie bald gehen müssen und daß die Zeit nicht mehr lang vorreicht, in der etwas passieren kann, was glücklich macht. Darum meinen sie, das Wichtigste sei es, dafür zu sorgen, daß ihnen nichts entgehe. Bei dieser Angst, nicht alles an der Tafel des Lebens vertilgt zu haben, wird in Wirklichkeit aber nicht genossen, sondern alles nur „hineingestopft" und so der Magen verdorben. Am Schluß ist einem dann alles entgangen, und nichts ist wirklich erlebt, weil man alles erleben wollte.

Karl Rahner

Weiter sagte Jesus zu ihnen: Amen, amen, ich sage euch: Ich bin die Tür zu den Schafen. Alle, die vor mir kamen, sind Diebe und Räuber; aber die Schafe haben nicht auf sie gehört. Ich bin die Tür; wer durch mich hineingeht, wird gerettet werden; er wird ein- und ausgehen und Weide finden. Der Dieb kommt nur, um zu stehlen, zu schlachten und zu vernichten; ich bin gekommen, damit sie das Leben haben und es in Fülle haben.

Johannesevangelium

Autoren- und Quellenverzeichnis

Bach, Richard, Munson Russell, Die Möwe Jonatan, Verlag Ullstein, Frankfurt [9]1974

Bachmann, Ingeborg, Im Sommer, aus: Bachmann, Ingeborg, Gesammelte Werke, R. Piper & Co. Verlag, München 1978

Bhagavadgita, aus: Bhagavadgita/Aschtavakragita, Indiens heilige Gesänge, Übersetzung und Kommentar von L. Schroeter und H. Zimmer, Eugen Diederichs Verlag, Düsseldorf 1965

Camus, Albert, Die Pest, Karl Rauch Verlag, Düsseldorf 1958

Dostojewski, Fjodor, Der Idiot I, R. Piper Verlag, München 1922

Exupéry, Antoine de Saint, Die Stadt in der Wüste, Karl Rauch Verlag, Düsseldorf 1956

Ende, Michael, Momo, K. Thienemanns Verlag, Stuttgart 1973

Frisch, Max, Homo faber, Suhrkamp Verlag, Frankfurt/M. 1957

Fromm, Erich, Der moderne Mensch und seine Zukunft, Europäische Verlagsanstalt, Köln 1977

Gandhi, Mahatma, Lebensversicherung, aus: Mahatma Gandhi, Handeln im Geist oder M. K. Gandhi, Eine Autobiographie, Herder Verlag, Freiburg

Gibron, Kalhil G., Über die Liebe, aus: The Prophet, New York 1923. Deutsche Übersetzung: Der Prophet, Walter Verlag, Olten 1973

Goethe, Johann Wolfgang von, Faust 1, zitiert nach Goethe Faust „Erster Teil“, insel taschenbuch 50, Insel Verlag, Frankfurt/M. 1974

Grimm, Gebrüder, Hans im Glück, aus: Die schönsten Märchen der Gebrüder Grimm, Bertelsmann Verlag 1957

Hazrat Inayat Khan, Vom Glück der Harmonie, Herder Verlag, Freiburg 1979

Hebel, Friedrich, aus: Notenbuch des Herzens, Herder Verlag, Freiburg 1984

Hesse, Hermann, Bilderbuch, Suhrkamp Verlag, Frankfurt/M.

Hesse, Hermann, Das Glasperlenspiel, Suhrkamp Verlag, Frankfurt/M. 1976

Hesse, Hermann, Der Steppenwolf, Suhrkamp Verlag, Frankfurt/M. [4]1975
Hesse, Hermann, Narziß und Goldmund, Suhrkamp Taschenbuch, Frankfurt/M. 1975
Kungfutse, Gespräche, herausgegeben und übersetzt von Richard Wilhelm, Eugen Diederichs Verlag, München
Kurzzitate, gefunden in Readers Digest
Laotse, Textauszüge aus: Laotse Taoteking, Übersetzung und Kommentar von Richard Wilhelm, Eugen Diederichs Verlag, München
Machiavelli, Niccolo, Der Fürst, Philipp Reclam jun., Stuttgart 1961
Nietzsche, Friedrich, Also sprach Zarathustra, zitiert nach Goldmann Taschenbuch 7526
Pieper, Josef, Lesebuch, Kösel Verlag, München 1981
Platon, Das Gastmahl, Philipp Reclam jun., Stuttgart 1974
Platon, Phaidon, nach Philipp Reclam, Stuttgart 1973
Roth, Eugen, Umwertung aller Werte, aus: Roth, Eugen, Ein Mensch. Carl Hanser Verlag, München
Salame, Boulos, in: Schiffe ans andere Ufer, Herder Verlag, Freiburg 1970
Shah, Idries, Sehnsucht, aus: Die Hauptprobe, Herder Verlag, Freiburg 1984
Turnitz, Georg von (Hrsg.), Weisheiten des Ostens, Wilhelm Heyne Verlag, München 1975
Walser, Robert, aus: Lektüre für Minuten. Gedanken aus seinen Büchern und Briefen, hrsg. von Volker Michels Verlag, Zürich 1978
Walser, Robert, Das Veilchen, aus: Das Gesamtwerk. Herausgegeben von Jochen Greven, Band II, Kleine Dichtungen, Prosastücke, Kleine Prosa, Verlag Helmut Kossodo, Genf und Hamburg 1971
Westafrika, Gebet, aus: Jörg Zink, Wie wir beten können, Kreuz Verlag, Stuttgart [8]1978
Zink, Jörg, Herr du Schöpfer, aus: Zink, Jörg, Wie wir beten können, Kreuz Verlag, Stuttgart 1978